禅語

生きぬく力をつける

金嶽宗信

芙蓉書房出版

まえがき

「チリも積もれば山となる」

数えてみれば、私の本もこれで十冊目になることに気づきました。まさに、区切りの一冊です。

「小さなことからこつこつと」と言いますが、与えられた課題を必死でこなしていく中で、改めてこの御縁に感謝します。

禅僧にとって本当の坊さんというのは、雲水修行の時間にあったと思います。つまり無欲の時代です。

それが一ヶ寺の住職になると、そうはいきません。僧侶であることにはなんら変わりませんが、そこに経営という要素が加わってくるからです。

禅語は、そんなぼんくらな私に、喝を与えてくれる一句。読者の方には申し訳ないのですが、これは私自身に対する活力を生む言葉でもあるのです。

初心に立ち返らせてくれるものなのです。

今回も月刊『遠州』関係者各位様ならびに芙蓉書房出版の平澤公裕社長、奈良部桂子さんにはお世話になりました。

相変わらず無知厚顔の私です。ご指導、ご鞭撻を賜ればさいわいです。

平成二十七年春彼岸会

金嶽 宗信

禅語　生きぬく力をつける●目次

まえがき　1

とらわれない心

空手牽鉄牛　▼とらわれのない心を持つ　8
不落因果不昧因果　▼自由な発想、柔軟な心　12
一切是仏声　▼受け止め方で善にも悪にもなる　16
心随万境転　▼小さなことに一喜一憂しない　21
一心不生　▼素直が一番　25

思無邪　▼執着を離れた心　29
空手把鋤頭　▼徹底した無心　33
非思量　▼こだわることを戒める　37
空　▼形あるものは実はない　41
笠重呉山雪　鞋香楚地花　▼流れる水のごとくの心境　45

いまを積極的に生きる

雲収山岳青　▼煩悩をぬぐえば仏と同じ心に　50
転活機輪　▼静と動は人を動かす両輪　54
平常心是道　▼邪心がなくなれば道は開ける　58
従門入門不是家珍　▼最後は自分で決断を　62
開窓岳雪明　▼後悔よりも反省を　66
枯木再生花　▼意志あるところに道は開ける　70
忘　筌　▼目的と手段は同じではない　74
学道如鑽火　▼たゆまぬ努力、精進を　78
慧玄会裏無生死　▼わからないことを考えるのは無駄　82

渓深杓柄長　▼百人いれば百人の対応がある　87
那箇是真底　▼肉体か魂か？　二元的対立をこえる　91

あたりまえに生きる

与天下人作陰涼　▼ほんのちょっとの心配りを　96
独坐大雄峯　▼この幸福感がありがたい　100
没蹤跡　▼無心であることの強さ　104
心清道自閑　▼当たり前のことが自然にできる　108
随処作主立処皆真　▼雑念を消して自分の力を発揮する　112
田庫奴　▼愚か者である自覚　116
破草鞋　▼偉いかどうかは人が評価する　120
聖朝無棄物　▼心の持ち方で何でも活かせる　124
寒時寒殺闍黎　熱時熱殺闍黎　▼内側に入れば見えないものも見えてくる　128
老婆心　▼相手を大切に思うふところの深さ　132

支えを見いだす

一句妙文助永劫
▼一つの言葉が生きる支えになる 138
松樹千年翠
▼人間の心は進化しないもの 142
本来面目
▼生き抜く力となる心を見つめる 146
忍　辱
▼せめて慣れるまでの忍耐を 150
好事不如無
▼何もないことのほうが尊い 154
雪後始知松柏操
▼人生には無駄はない 158
前三三後三三
▼差別のない境界を伝える 162
子生而母危
▼親の心を鑑み自身の生活を正す 167
春色無高下花枝自短長
▼この世界は差別と平等で成り立っている 171
直心是我師
▼自ら沸き出た願心が大事 175
参考文献 179

とらわれない心

空手牽鉄牛

空手《くうしゅ》にして鉄牛《てつぎゅう》を牽《ひ》く

▼とらわれのない心を持つ

訳のわからない語を引っぱり出してきたなといわれそうですが、『十牛図』などにあるように、よく禅宗では牛が登場します。

この語はもちろん、ただ「手でタズナも持たずに、牛を引く」ということがいいたいのではありません。『嘉泰普灯録』に出てくる語ですが、とらわれの無い心、自由自存の心を持つことを象徴しての表現です。

鉄牛というのは、中国古代の禹王が黄河の氾濫を防ぐ祈りで造らせたという大きな鉄の牛、頑強堅固を表現したもの。自由自存の心というものには、それ程のすざまじい力があるということです。

空手で、想い浮ぶ人がいます。大石順教尼という方です。昔、私の寺の真向いの霊泉院という寺に、一時期滞在していたと聞きました。そんなことで私も勝手に、親しみを感じているのです。そんな縁なのでしょう。うちの寺にも彼女の描いた「おひな様」の絵が残されています。

順教尼、本名・大石ヨネは四つの時から踊りを習い、天性のものがあると人々にいわれ、十二歳の時には小さな名取りの舞の師匠になっていました。そんなこともあり人に薦められ、大阪・堀江の山梅楼《やまうめろう》に養女としてもらわれていきます。ここでは妻吉と名を改めた生活が数年続きました。そんな中、数え十八の時、「堀江の六人斬り事件」が起きます。

養父である店の主人が妻の出奔に憤り、やけをおこし一家皆殺しを企てたという事件です。五人の者は即死し、彼女一人が両腕を切り落とされながら生き残ります。

若い彼女に対し世間の者は、「六人斬りの手無しよ、生き残りの手無しよ」といったといいます。どれ程の悲しみだったでしょう。生きる道を探し、寄席芸人となった彼女は落語家柳家金語楼さんらと行動を共にします。

仙台巡業の時です。宿屋の縁側に小鳥のカゴがありました。中にはカナリアの雄と雌が飼われていて、雄が親切に雌の口に餌を運んでいます。それを見た彼女は、思ったそうです。鳥は手はないけれど、口で餌を運んでいる。私も手はないけれど口はある。鳥でさえそうなのだから、私は口に筆をくわえて字を書いたらと……。

小学校にもいかなかった彼女は、「いろは」も知りません。そこでまず古本屋に辞書を買いに行ったのだそうです。そんな彼女を見た店のおやじさんはいいます。「大変失礼だけれど、両手がなくてどうやって字を調べるの?」と。

彼女は唇でめくって、字を調べるのです。意欲が出てきて、学校にも行きたくなったそうですが、どこも彼女を受け入れてくれる学校はありませんでした。その後、色々なことがありましたが、お寺だけがそんな機会を与えてくれたのです。その縁で出家することになっていったのです。

彼女には、もともと宗教的感性があったように思います。昭和十一年に発行された『大法輪』にこんなようなことを語っていました。

「私が申し上げたいのは、人を恨むとか憎むということは、すべきでない、それはその人自身を苦しめるものだからです。あの養父は、あの後自首しました。私の所に警察の人が来て、お前はあいつをどう思うか、腕を切られ、顔を切られ、そんな残酷な目にあったのだから、そうとう憎んでいるだろうと。養父は死刑が決っているという。私は死んで行く人を恨むのはよくない。死んでいく人には、安心を与えてあげたい。死んだ後は、骨を拾い、年忌法要も私はしてあげたいと。人を恨み、恨みしていたらおそらく、その後の私の人生は、開かれなかったでしょう。ひがまず、恨まぬ生活が、一歩を歩み出すことになったのです」と。

人生の幾多の辛酸をなめたであろう彼女は、大阪に自覚庵という寺を建てます。多くの障害をかかえた人々に学問の場を与え、自活への道を開くための道場です。

彼女は、もし自分に両手がずっとあれば、こうはならなかっただろう。気づかなかっただろうといいます。そして「私の習字の先生は、小鳥です」と笑っていっていたそうです。彼女に好きな字を書いて下さいとたのむと、「精神一到、何事か成らざらん」と書かれるそうです。

本当にすごすぎて、言葉も出ません。このパワーこそ、「空手にして鉄牛を牽く」そのものだと思います。

不落因果《ふらくいんが》不昧因果《ふまいいんが》

▼自由な発想、柔軟な心

『無門関』に「百丈野狐」という話がでてきます。百丈和尚が修行僧に向かって講義していると、いつも一人の老人が後ろでその説法を聞いていました。講義が終わると僧も老人も一緒に退出するのですが、その日はたまたま老人が残っていました。

そこで百丈は聞きます。

「お前さんは一体誰なのか」と。

すると老人は答えます。

「実は、私は人間ではありません。ずっと昔、私がまだ迦葉仏であった頃、この寺の住職をしていました。その時ある修行僧が問いかけてきたのです。

『徹底的に修行を重ね大悟した人でも、因果の法則に落ちるのでしょうか』

私はそれに答え『不落因果』（因果には落ちない）といいました。そしてそう答えたが由に、五百回も生まれ変わり狐の身になってしまったのです。今はこうして老人にばけています。そこでどうぞ和尚の一転語（一言で迷いから転じて悟りに入らしむる言葉）で、この野狐の身から私を救って下さい」

そして老人は威儀を正し、いいます。

「大修行底の人、還って因果に落つるや也た無しや」

百丈は、「不昧因果（因果に昧まされない）」と。

すると言下に老人（野狐）は、大悟してその身から脱したというのです。

また訳のわからない話を持ち出してといわれそうです。怪奇的な話、不可思議な話にもみえます。しかしここで重要なのは、老人になったり野狐になったりということではありません。

そこでまず「因果」について説明します。ある物事を生じさせるには直接の原因があります。これを「因」といいます。それに間接的要因、条件が加わる。これが「縁」です。そしてそれによって生じるものが「果」（結果）です。

例えば、ここに一つの植物の種があるとします。この種は「因」です。その種が土に落ち、雨が降り、太陽の光が注ぐ、それが「縁」。芽が出て実がつく。これが「果」ということになります。

「縁」によって「果」に大きな変化が生じます。そしてその「果」はそのままで終わるのではなく、またそれが「因」となり巡っていくのです。

物事全てに「因果の法則」があるというのですから、我々人間も例外ではありません。我々は行なった一つ一つの行為、その積み重ねが今の私を造っているのです。そしてそれで終わりではないのです。これはどんなに修行した人でも、免れることはできません。

お釈迦様は、食中毒で亡くなりました。イエス・キリストのように復活もしていません。それは人間だからです。人間を越えた神ではないからです。

我々は、とかく神と仏を同一視します。しかしこれは、いっしょではありません。神は人間ではありません。しかし仏は、悟った人間なのです。人間である以上、生まれれば必ず死にます。決してそれをさけることはできません。

仏教が教える死への姿勢は、いたずらに恐れることのない心を持つということなのです。その執らわれない心こそ「不昧因果」になるということなのです。

この野狐は、その因果に執われてしまいました。因果ばかりを気にして、ガチガチになって五百回も生まれ変わりながら、そこから脱することができなくなってしまったのです。

江戸時代、薩摩に無三和尚という方がおられました。この方の出自は農民です。当時の薩摩は、士族でなければ出家もできない土地柄だったといいます。ですから無三和尚も士族の名字を借りて出家しました。厳しい修行を乗り越え、ついに島津家の菩提寺福昌寺の住職に迎えられます。

しかしこの破格の出世を、当然ねたむ者もいました。そしてその出生を殿様に告げ口した者もいたのです。住職就任の日、本堂で問答が始まります。その時、突然大声をあげる者がいました。

「如何なるか是れ久志良《くしら》（地名）の土百姓！」

多くの人々の見守る中で、はずかしめようとしたのです。

しかしこの時無三和尚は、顔を変えることなく、「泥中の蓮華」と答えたのです。たしかに蓮は泥の中に生まれます。しかしその泥の中から美しい蓮華を咲かせたのだと。その言葉を聞き、多くの人々は感動し益々帰依したのです。

その時の立場、身分、貴賤などにしばられていたら、決してこのような自由な発想、自在な言葉は出てこなかったでしょう。柔軟な心、それがわかることこそ、「不昧因果」ということです。

一切是仏声

一切《いっさい》は是仏《これほとけ》の声《こえ》

▼受け止め方で善にも悪にもなる

東日本大震災は、地震と津波さらに原発事故も重なり、被害にあわれた方にはなぐさめの言葉もみあたりません。私の寺では、灯籠が一つ倒れたくらいで大きな被害はありませんでした。しかしながら今回経験した地震は、私の人生の中で最大の地震であったことは間違いありません。

その時私は、寺の庭先にいたのですが震れの時間の長さ、大きさが続くにつれ、ついに再び関東大震災がきたのかと思いました。

そんな中で地震の時、東北のあるレストランではお客さんをとりあえずすぐ店の外に出し家に帰るようにしたそうです。すると後で、そのお客さんはお金を払いに来たと。

なんと実直なのだとこの話を聞き、私は自分が日本人であることを誇りに思ったのです。やはり日本人は、世界に誇れる民族だなあと。だからこそ、今回の震災でも世界の人々が日本のために手をさしのべてくれたのだと思います。

都知事の石原さんは、この時天罰という言葉を使って非難されました。たしかに東北の人にはなんの罪もありません。

しかし最近、日本人が日本という国に対して自信を失いかけていたように思うのです。日本人は、いざとなったら結束する力がある。そんな自信という精神をこの震災が呼び起こしてくれたのではないか、そんなふうにも思えたのです。

「冬が過ぎれば、必ず春がくる」

「明けない夜はない」

その通りなのです。破壊の後の創造、生き残ったという縁をいただいた我々はそこへ希望の道を見い出すほかないのです。残念ながら亡くなられた方は帰ってきません。そのような人々に返せる使命、誠意、供養とは復興へ向っての生きる姿勢を示すことしかないのだと……。

想い出した阪神大震災の時の話がありました。

「行ってきます」

ランドセルを背負い、元気に飛び出していく小学生。それを見送るお父さん。何気ない平和な家庭の一コマです。しかし、このお父さんにとって、この子供の後ろ姿には特別な感情があったのです。

　実はこのランドセルは、阪神大震災で亡くなったお兄ちゃんの物だったのです。当時この家族は、兵庫県の芦屋に住んでいました。そのアパートで震災にあったのです。七歳の長男、五歳の長女がこの時に亡くなりました。お父さんは、必死で瓦礫の山の中をあさったのだそうです。そして出てきたのが、ランドセル。そしてそれはなぜか奇跡的に無傷でした。

　お父さんは長男の短かった人生の証としてそのランドセルを持ち出しました。中にはきれいに削られた鉛筆と教科書。そして「せんせいあのね」で始まる日記帳が入ってました。日記帳には、前日夕方に家族でつくったカレーの話がつづられていました。そしてその文の最後には、「またあした、たべるのが楽しみです」と記され終わっていました。

　明日も今日と同じ、普通の一日がくるはずだったのに……。

その後に、この家族に次女と次男が誕生しました。ですからこの次女と次男は兄と姉を知りません。十数年が過ぎ、両親の心も徐々に落ちつきをとりもどしていったといいます。

住居も移りました。次男が小学校に入学する時、お父さんは何気なく「ランドセルどうする」と聞きました。すると兄さんのランドセルを知っていた次男は、「あのランドセルを僕が背負っていく」と答えたのです。十数年間、部屋の棚の奥にしまいこんでいたランドセル。お父さんは、無性にうれしかったといいます。

子供の月命日には、この家族は必ずカレーを食べるという習慣になっているそうです。「震災後に生まれた二人の子供には、兄と姉が存在したことの意味を理解してほしい」とお父さんはいいます。

この世で巡り合うことはなかった兄弟だけれど、この兄の形見のランドセルに弟は兄の声なき声を聞き、肌にそのぬくもりを感じているのではないかと思います。

「一切は是仏の声」という『涅槃経』の言葉は、まさにこのことです。あらゆる現象、物や音や声は、受けとる側の感じ方によって、大にも小にもなり善にも悪にもなります。そこをわかり活用できることが禅の世界ということであり、悟るということなのです。

「渓声即ち是れ広長舌」などといいます。「広長舌」とは、仏様の長い舌です。ですから谷川の水の流れる音は、仏様の舌のささやきのようだと聞く者によってはそうなるのです。

道元禅師は、ここを

——峰の色谷の響きも皆ながら

吾が釈迦牟尼の声と姿と——

とよんでいます。起きたことに対しどう感じ行動するか。そこを価値あるものとする。これを「一切是れ仏声」というのです。

心随万境転

心《しん》は万境《ばんきょう》に随《したが》って転《てん》ず

▼小さなことに一喜一憂しない

お釈迦様から二十二代目の摩拏羅《まぬら》尊者が悟りを開いた時の詩の一節です。

——心は万境に随って転ず
　転処《てんじょ》実に能く幽《ゆう》なり
　流れに随って性《しょう》を認得すれば
　喜《き》も無く亦た憂《ゆう》も無し——

心というものは、周りによってコロコロと変わっていく。まったくもって心というものは、おもしろいものである。もしそれがあたりまえのものとして、しっかり自覚できれば小さなことに一喜一憂することなく生きられるはずである、という訳です。

確かにその通りです。しかしそこが凡人の悲しい所、わかっているけれどその心の奴隷になっているのが現実ではないでしょうか。

そこで想い出してほしいのが、子供の頃の自分です。その心です。あの頃は、自分の感情を引きずりませんでした。それこそ「泣いたカラスがもう笑う」で、さっきまでピーピー泣いていたのに、次ぎにはケラケラ笑っている。ここに大人も学ぶべきものがあるのではないかということです。

大人は経験から、物事を判断します。そしてその判断は、ほとんどは正しいのでしょう。しかしまた、そこに弊害を生むのです。とらわれ、こだわり、執着という心の中に幽霊を作ってしまうのです。そうなるともういけません。

今はそんなことを考える時ではない、そういう時に応々にして感情に引きずられてしまうのです。子供は先ほどあったことなどすっかり忘れ、今やるべきことに没頭することができます。

明日のことを考えず、昨日のことも忘れている、この時何も怖れるものはないし、今生きていることに幸せを感じています。その姿が人間の本来ではないかということです。

いつの頃からでしょう。周りばかりを気にし、過去や未来に捉われるようになってしまったのは。過ぎ去った過去も、未来への不安も実体のあるものではないはずなのに。本来、心は自分が使うべきもので、使われるものではないはずなのに。

「道具」という単語は、仏道を修めるために具える物の意味があります。ですから道具とは、元々は坊さんが使う衣や食器などを指していいました。それが一般社会の日常の調度器具というように解釈されるようになったのです。

それはともかく、人間の基本的道具を突き詰めていけばそれは、自分の身体と心ということができます。そしてさらにいえば、身体の自由を奪われている人もいますから、最後に残るのは心ということがいえます。心だけは誰にも制約できないのです。

ブータンの国王と王女様が来日しました。お二人の姿をテレビニュースで見て、日本人が忘れた昔の日本人の原風景を見たような気がしました。新鮮な気持ちになったものです。

ブータンは、仏教国です。そして国民総幸福量、世界一だそうです。決して豊富ではないこの国に、日本人は学ぶべきものがあると思います。

仏教修行で必要以上の物を、「長物《ちょうぶつ》」といいます。それこそこれが、「無用の長物」です。日本人は、豊かの名のもとにいらない物を持ちすぎました。そして本当に必要な物がわからなくなってしまいました。危機感を持って、日本の将来を考えねばなりません。

徳島大学病院に入院中の日下遙ちゃん（六歳）の記事が、以前「毎日新聞」に出ているのを見ました。十万人に一人といわれる難病、タンパク質を分解できない代謝異常の「グルタル酸血症I型」という病気だそうです。生後一カ月で入院し、一度退院しましたが一年半前に再び入院。大人でも気がめいる病院生活で、幼ない彼女は詩を創り始めました。

一カ月半しか通えなかった幼稚園。

——ようちえんに　いきたいな
おだんご　つくって
ママにあげるの——

幼ない彼女は、病院のベッドで過ごす夜は不安だったでしょう。

——あいたい　さわりたい　だっこしたい　　かぞくみんなでおりたい——

そして食事制限のある病院生活。

——らあめん　だいすき
せんせいは　ないしょだよ
たべちゃった——
（二〇〇八年一二月三〇日付「毎日新聞」から抜粋）

堅苦しい詩の技法なんて、関係ありません。なんの制約もなく、自由な純粋性。この素直な心が、心の自由を生んでいます。そう感じました。

「心は万境に随って転ず」、深い言葉です。

一心不生《いっしんふしょう》

▼素直が一番

禅宗の三祖（三代目）といわれる僧璨鑑智《そうさんかんち》和尚の『信心銘』の一説、「一心生ぜざれば万法咎《とが》無し」から出ている言葉です。つまり好きだとか嫌いだとか、人生には分別することは不必要な場面もあり、その場合、かたよった価値判断を持つことによって、大きな誤りが起こることがあるということです。

知識は人が生きる上で、大切な力となります。しかしそれもまた絶対的なものではありません。場合によっては、それが弊害となることもあるのです。

織田信長の家臣に、豊臣秀吉と明智光秀がいました。同じ高位の家臣でありながら、二人の人生は大きく変わりました。主君信長を殺害した後、滅ぼされた光秀と天下を取った秀吉。そこには光秀の知への慢心があったように思うのです。

ある時、秀吉と光秀は信長の命で琵琶湖周辺を守っていました。そんな中で信長は、光秀に坂本の地に城を築くように命じます。工事を指揮していた光秀は、近くの唐崎という土地は「歌集」に出てくる名勝地と知ります。しかし今は、その影も見ることができません。そこで信長を喜ばせようと松の大木を植え、名勝地を復活させようと考えたのです。

そしてそれにふさわしい松を探した所、それは琵琶湖の北方にあったのです。ですがここは、自分の守る領地ではありません。光秀は秀吉に応援を頼み、敵に見つからないように隠れて運搬しようとしたのです。首尾よく松を船に積み込みましたが、そこで敵に見つかってしまいます。そこで戦わざるをえなくなってしまうのです。ようやく撃退することができましたが、味方の数名は死傷してしまいました。

再びいいます。松の移動は、信長の許可を得ずにやったのです。勝手に行動し、損害を出したのです。

報告を聞いた信長は、激怒したといいます。そして使者を出し、その報告を求めました。

秀吉はひたすら恐縮し、切腹も覚悟と信長のいる岐阜方向にむかい、地に頭をつけて平伏したのです。そしてお詫びとして近江の山菜や魚介を信長に献上したのです。信長はこの姿勢を喜びました。

対して光秀は、理屈をいったというのです。唐崎の松がいかに名高く、それを復興することによって信長様の名を威光を、世に知らしめられるか。これ程の良策はなかったのですと。

報告を受けた信長は、光秀のこの言動に再び「わしにものを教えるつもりか」と怒ったといいます。

失敗したら、まず謝る。秀吉にできて、光秀にできなかったのはここです。人間ですから、失敗はするのです。理由があろうがなかろうが、相手に迷惑をかけてしまったのならまず精一杯、詫る。その心が伝われば、相手だって許してくれるはずです。

光秀の問題は、まず「自分は正しいことをした」という前提にたって語っている点です。ですから悪いと思っていても、全てが言い訳になってしまうのです。

自分を守りたいというのは、誰でも思うところでしょう。秀吉だって同じです。しかし秀吉は、理論武装して保身にまわらなかった。そこを信長は、良しとしたのです。

許しを得た秀吉は、感謝しさらに信長に仕えます。対して光秀は、分かってくれない信長を恨むようになり、最後は身の破滅を招くことになったのです。

いざという時、理屈は役に立ちません。学問を利用することは大切ですが、全て通用すると思うと大きなしっぺ返しをうけることになります。

世の中を生きていると、なにが起こるかわかりません。「誰でもいいから、殺したかった」などという人もいるのです。いつナイフで襲われるかもしれません。突然、車がつっこんでくるかもしれません。地震や雷、津波がくるかもしれません。こんな時、理屈などなんにも役にたたないのです。そんないざという時のため、心のリセットをしておくことが大切なのです。心を車でいうところのクラッチにしておくことが重要なのです。クラッチなら、ドライブにもバックにもすぐ入れられるのです。前にも後にもすぐ移動することができます。

「一心不生」とは、まさにこの状態をいうのです。改めていわなければ、人間はすぐに忘れます。

だから我々禅僧は、日々坐禅をしてこのクラッチを呼びもどすのです。無理な力の入っていない自然体、これが一番強いのです。

平凡なことのようですが、こんな心に秀吉の強さがあったのだと感じます。

我々は、修行でよく師匠に教えられたこと「素直が一番」とは、まさにこのことだろうと思います。色メガネを持たないことです。

思無邪

思《おも》い邪《よこしま》無《な》し

▼執着を離れた心

以前監修したＮＨＫ大河ドラマ「篤姫」のドラマスタッフが着ていたＴシャツに、この文字が印刷されていました。スタッフの一人にこの文字のことを聞くと、篤姫の生家島津家の屋敷にこの文字が掲げられていて、いい言葉だと採用されたのだそうです。

もともとは、『論語』為政篇に出てくる言葉です。

「子曰く、詩三百、一言《いちがん》以ってこれを蔽《おお》えば、曰く　思い邪無し」

孔子がおっしゃるには、『詩経』には三百余の詩があるが、これらの詩を一言でいうとするならば、思い邪無しということになる。つまり作者の心に邪心がないということです。儒教である『論語』では、これを良心と促えることができるのではないかと思います。禅ではこれをさらに二元対立を超えた所とみます。善・悪ではなくそこを超えた所、執着を離れた心です。

あるお笑いタレントが、自称霊能者にだまされ大変なことになっているという話題がニュースになっていました。なんでもこのタレントの個人事務所と自宅の家賃が未払いで訴えられたとか。

人気もあり、かなりの収入があったのに、この霊能者に喰いつくされたといいます。事務所には霊能者の家族が住みついているとか。タレントの家族が、人身保護請求まで出したこともあったというのですから、ただ事ではありません。

実態はどうなのかわかりませんが、こういう霊能者、占い師、カルト宗教教祖など と我々禅や仏教が同列だと人に思われることを懸念します。

そこでその予防策として、いくつかの学んだことを指摘させていただきます。まず霊能者は、あなたの表情を見ているということです。そしてその話し方や服装もチェックします。そこである程度の情報が得られるのです。ですから衣装を隠してみてもらう実験をすると、数段当たるといわれる確率が下がります。人間は正直にできています。だから嘘発見機もあるのです。

霊能者は、いくつかの質問をします。過去・現在・未来どこに関心があるのか。それは仕事関係か、友人のことか、家族・自分のことか。そして汗のかきかた。表情、特に目などをみて探っていくのです。ちなみに手相をみる人が、手をさわったまま鑑定するのは反応をみているということです。

また人間は、いいこと（当たったこと）は印象にのこりやすいということです。よくお葬式であんなにいい人がという話が出てきますが、これはいい人が亡くなったから強烈に印象にのこるのです。それに当たらない人のことは、忘れているということです。

そして正反対の言葉を並べる。例えばあなたが社交的だと感じられたら、「あなたは普段活発に行動しますが、一面さびしがりやの部分も持ちあわせています」といえば、必ず思い当たるのです。人間は誰でも多面性を持っているからです。それはあくまで比重の問題だけなのです。そして漠然とした表現も常套句です。

「明るい光の中に黒い点が見えます。そしてその黒い点に明るい光がすいこまれていきます」。

まったく、意味のない表現ですが、人は勝手に自分の中で起きている出来事から、これを想像ししゃべりだすのです。

人間には、知識があります。そしてプライドもあるのです。するとなにか自分で想像できなければ、相手に自分が頭が悪いと思われると考えてしまうのです。そしてそこではまってしまいます。

また別の手段として、造語を使います。存在しない言葉、特にカタカナ文字の言葉などは、相手のコンプレックスをかきたてます。存在しない言葉なのに、当たり前のように使われると、自分だけその言葉を知らない、ハジと考えるのです。するとわかったふりをして、自ら思考停止に持っていってしまうのです。混乱し、防衛本能が知らず知らずに自分で相手を信じ込ませるようにしてしまうのです。

そうなれば、後は簡単です。適当なことをいっていれば、勝手に相手が自分におきかえて意味を見出してくれる。そして当たると思い込んでくれるのです。

なんて夢のないことを、といわれるかもしれません。しかしいつの時代になっても、こういうものがはびこる現状に、このままでいいとは思いません。私は占いも霊能者も否定している訳ではありません。人が夢を持ち楽しんでいるならたいへん結構なことだと思います。しかし人を幸せにするといいながら、不幸にする者がゆるせないのです。

「思い邪無し」

今こそ、こんな言葉が必要だと考え記させていただきました。

空手把鋤頭

空手《くうしゅ》にして鋤頭《じょとう》を把《と》る

▼徹底した無心

この語の作者は、傅大士《ふだいし》です。中国禅宗史上初期の人で、達磨大師と同時代の人になります。出家せず在俗のまま、修行した仏教者で、禅の詩文『心王銘』を著しています。

さて、この語には続きがあります。

——歩行して水牛に騎《の》る——

——人橋《きょうじょう》上従《よ》り過ぐれば——

——橋は流れて水は流れず——

表面上の言葉を見れば、訳のわからないことをいっています。禅では、よくこのような意味の通じない常識で量れないいい方が出てきます。そこが禅問答となっているのです。さてその真意は、どこにあるのでしょうか。我々は、よく「成り切れ」ということをいいます。そうすることによって、その真意をつかみとることができる。

畑を耕すのに、鋤を持たずにはできません。当然、鋤を持ってするのです。修行道場では畑の当番を「園頭《えんず》」といいます。私も経験させていただきましたが、やはりその経験が、この語のヒントとなっているのです。

決して不思議をいっているのでは、ありません。人間なのだから鋤を持って当然です。必死で畑仕事に専念している時、心の中に鋤を持っているという意識がなくなっています。義務も責任も、自分という存在すら忘れ、その心の消息が「空手にして鋤頭を把る」という訳です。

語では、さらに作業を終え、牛に乗って家路に向かいます。この時、自分が歩いているのか、牛が歩いているのか。

「鞍上に人なく、鞍下に馬なし」などという言葉もあります。人馬一体、人牛一体の一つになった所の表現が、「歩行して水牛に騎る」となるのです。

そして帰り路の途中、川にかかる橋を通ります。ふと立ち止まり、流れる川を橋上よりながめます。

私も子供の頃、よく橋の欄干から水の流れを見つめていたことを思い出しました。

ずっと水を見ているると、自分と橋の方が移動しているように見えてきたものです。それがおもしろく、そんなことをくり返していました。水が流れているのか、橋が流れているのか、自分と流れが一枚になった所、それが「橋が流れて水は流れず」と。

つまり徹底した無心を言葉で表わした時、こういういい方になるのです。

「無心」のことを、真っ白な心などと表現されますが、白だからこそその色に染まることができるのです。他の色に染っていたのでは、きれいな完全な色に染まることもできません。ですから一度、真っ白にもどす。それが坐禅だということになります。

最近、坐禅の呼吸法について文を書く機会を得ました。その中で東邦大学医学部教授の有田秀穂先生の説を取り上げさせていただきました。

坐禅は、セロトニン呼吸法の際たるものだというのです。セロトニンとは、セロトニン神経から分泌されるもので、別名「幸せの神経」ともいわれます。心の安定と調和をもたらすもの。つまり坐禅をして「スッキリした爽快な意識」が生まれるのは、これによるものだというのです。同じことをしてもクヨクヨと悩む人もいれば、すぐに立ち直る人もいます。これは脳内のセロトニン量の差だということです。

私はよく坐禅をすると、プラス思考になるとか、前向きに生きられるということをくり返しいってきましたが、まさにそのこととぴったり当てはまります。

そして坐禅の目を開けていること、それは明るさと関係しています。セロトニン神経を活性させるには、二千五百ルクス以上の照度が必要だというのです。ですから目はあけていればこの照度が確保できます。

そして丹田呼吸。「数息観」（呼吸を一から十まで数え、それをくり返すこと）による呼吸法をすれば、一つのリズム運動が生み出されます。腹式つまり内臓を動かすリズム運動です。目を開け腹式呼吸をくり返すと、脳波に目を閉じた時に出るα波とは別の、α二波（十〜十三ヘルツ）が出てきます。

このα二波こそ、セロトニン神経の活性化をもたらすということです。

私は僧侶で実践者としての感想を述べるのみですが、お医者様の実証でも同じような結果が示されているのです。つくづくお釈迦様は、すごい人だと思います。二千五百年以上前に、そのことを発見していたということは、まさに驚きです。

「悟り」とか、一般人には関係がないといわれる人も、この情報だけでも、いかに禅がすべてに役立つか、わかるというものです。

最後に有田先生は、いいます。一回十分から三十分、毎日三ヶ月続けなければ禅の効果はわからないと。今回は「禅語」の素、坐禅の話も少し加えさせていただきました。

非思量《ひしりょう》

▼こだわることを戒める

人は、ほっておいても物を考えます。考えない人などいません。その考えの浅い、深いはあろうとも、その人の歳にかかわらず、みんな考えて生きているのです。

しかし非思量とは、思考することが必ずしもその人にとって、プラスに働くものだけではないことをいっているのです。その弊害もあるということです。

「転失気《てんしき》」という落語があります。

ある和尚さんが病院に行き、お医者さんに診てもらいます。そこで医者に「てんしきはありますか」と尋ねられます。和尚は、その言葉を知りません。そこで弟子の珍念を使って、てんしきを調べさせようとするのです。和尚は見栄を張ります。

「私が教えても、お前はすぐに忘れてしまう。自分の力で『てんしき』とはどういうものか調べなさい」

そういって、てんしきを知っていそうな隠居さんや花屋に行って借りてくるようにと申しつけるのです。するとみんながみんな知っているふりをして、「ないから貸せない」と断るのです。珍念は困りはて、和尚の元へ帰ります。そして和尚に再び尋ねますが、やはり教えてくれません。

和尚は、「先生のところに薬をとりに行った時、それとなく聞いてきなさい」といいます。珍念は病院に行き、「先生、てんしきってなんですか」と尋ねます。先生は、答えます。

「『気を転び失う』と書いて『転失気』、つまりおならのことだ」と。

珍念は、全てを悟ります。「みんな知らないのに、知ったかぶりをしていたんだ」と。

寺へ帰った珍念は、和尚に嘘を教えます。「てんしきは盃のことでした」。和尚は、自信たっぷりに「呑酒器」と書いて、「てんしき」というなどと考えます。

後に往診に来たお医者さんに、和尚は「てんしきをご覧に入れる」といってしまいます。そして、盃を見せると医者は「それはなにかの間違いでしょう。てんしきとは、おならのことですよ」と伝えます。和尚は驚きます。そしておもわずいいます。

「おならってのは、あのお尻から出る」。それに対し医者は、「珍念さんと同じことをいいますな」といい、「あんなものが鼻からでたら臭くてたまらんよ」という落ちで終わるのです。

これは、落語の笑い話ですが、我々の日常には結構こんな話は、たくさんあるのではないでしょうか。はずかしいからあえて、人にいわないだけで。

私の大好きな映画「男はつらいよ」の第十六作にも考えさせられた会話がありました。

小林桂樹扮する博識の大学教授田所と寅さん。

「愛の問題、男と女の愛情の問題が、実にむずかしくて、まだ研究しつくしておらんのですよ」

「研究しちゃうのかい。もっと簡単なことだろう」

「簡単！」

「常識だよ。……いいかい。あー、いい女だなあ、と思う。その次には、話してみてえなあ、と思う。話しているうちに今度は、いつまでもそうやっていてえなあ、と思う。その人の傍にいるだけで、なにか、こう、気持ちがやわらかしくなって、あー、この人を幸せにしてあげたいなあ、と思う。この人の幸せのためなら俺はどうなったっていい、死んだっていい、とそんなふうに思うようになる。それが、愛よ。違うかい」

田所は、しばし黙っているが、やがて何か大きな感動に包まれたようにうなずく。そして「なるほどねえ、――君は僕の師だよ」

坊さんだとか大学教授とか権威を意識する者に対し、自然人寅さんは理屈を超えた所を生きています。

禅では、よく無心になれといいます。しかしこの無心とは、なにも無い心ではありません。人は思うし、感じるし、考えもする。しかしそれにとらわれ、こだわることを戒めている言葉なのです。自由な発想が生まれてくる心、それを無心といっているのです。それを非思量ともいうのです。

寅さんは、第三作でもこんなことをいっています。

日記に自殺を肯定している弟のことを美人の妹に相談された寅さん。「それはイロノーゼ（ノイローゼ）」と答える。「治るのでしょうか」と問われ、「ええ、治りますよ、インテリというのは自分で考えすぎますからね、そのうち俺は何を考えていたんだろうって、分かんなくなってくるんです。……その点私なんか線が一本だけですから……」。

一度立ち止まって、もう一度、自分の日常を見つめて下さい。

空《くう》

▼形あるものは実はない

『方丈記』が誕生して八百年。今再び注目されているそうです。

冒頭の
――ゆく河の流れは絶えずして、しかも、もとの水にあらず。よどみに浮ぶうたかたは、かつ消え、かつ結びて、久しくとどまりたる例なし。世の中にある、人と栖《すみか》と、またかくのごとし――

は、空観をよく表わした名文だと私は思っています。

著者・鴨長明は、京都下鴨神社の神宮の子という名門に生まれながら、社中の派閥争いに敗れ、その結果身分も収入も権力も失ないます。歌人としてのたぐいまれなる才能によって活躍する時代もありましたが、結局全てを無くします。そして出家への道に行きつき、そこで書いたのが『方丈記』です。

「方丈」とは、今は寺の住職さんの呼び名のことを「方丈さん」などと使いますが、本来は住職の住む部屋のことをいいました。大きさは、一丈四方。つまり三メートル四方の小部屋です。長明は、それが自分の持つ最後の財産だと言っているのです。

若い頃は誰もが、夢や希望を持って自分の将来を夢想します。しかし現実の世の中は、それ程甘くありません。多くの挫折や失敗を繰り返し、人生の苦節を経験します。そんな苦労の中で身につけた最後の処世術、それが長明にとって隠遁ということだったのでしょう。

『方丈記』の時代は、まさに現代によく似ています。多くの自然災害が起こり、悲惨な姿がこの作品にも描かれています。これらの条件が今、再び共感を得る条件となっているのだと思います。

日本でも一番有名なお経『般若心経』にも「空」の字が出てきます。中でも「色即是空、空即是色」の二節は、皆さんも一度は耳にしたことがあるのではないでしょうか。

「色」というのは、形有るものという意味の言葉です。ですから「形有るもの、全て実は無いのだ」ということになります。

こんなことをいうと、なにを言っているのだ、としかられそうですが、実はその通りなのです。全てのものは、原因や条件というものがそろって、初めて形有るものとして現われてくるのです。そしてそれは、決して永遠のものではなく変化して消えていきます。

それを真理といいます。そしてその真理に気づき人生を構築していく。それに至って初めて人は生を価値有るものにすることが出来るのです。

伝記などにもなっているあの有名なシュバイツァー博士。そのシュバイツァー博士が、アフリカの貧しい人々を救ったことは、よく知られています。しかしそのシュバイツァー博士に、捕虜の時代があったことは、あまり知られていません。

シュバイツァーの郷里は、アルザスというドイツ領の場所です。しかし診療所のあったランバレネという土地は、戦争での敵国フランス領だったのです。シュバイツァーも、色々と抗議をしたりしたのですが、それはやはり認められずあえなく診療所は閉鎖の憂き目にあってしまいます。そしてシュバイツァー自身も、捕虜にされてしまったのです。

そこに至って、彼は今自分にできることを考えたといいます。

「人間は、より良い社会を創ろうとする。しかしその一方で、これらをすべて無にする振る舞いも行っている。これはいったいどうしてなのか?」

このテーマは、現代でも十分通用する問題提起だと思います。歴史は、繰り返されるというのは本当です。

さて、彼はそこでなにを考え行動したかというと、医療行為ができないなら、それらの問題を思考し研究しまとめること、それを精神的支柱としたのです。しばらくして彼は、フランスの捕虜収容所に移送されることが決まりました。そこで彼はその原稿をアメリカ宣教師に託しました。

戦争が終わり落ちついてくると、その原稿はまた奇跡的に彼の元へ無事にもどってきたのです。そして後に『文芸復興の歴史的研究』という本になったのだそうです。

ついつい我々は、できる理由を考えようとはせず、できない言い訳を探してしまいます。できることに目を向ける、こういう自由を得る力を身につけた時、本当の意味での人生の喜びを知ることができるのだと思います。

宗門の大先輩・松原泰道師が言われた仏教は、「苦労人の宗教」とはこのことだと思います。今できることを今のうちに、サラリとした生き方にあこがれます。

そのためにまずは、「空」に参じてみることだと思います。

笠重呉山雪　鞋香楚地花

笠《かさ》は重《おも》し呉山《ござん》の雪《ゆき》　鞋《あい》は香《かんば》し楚地《そじ》の花《はな》

▼流れる水のごとくの心境

禅宗修行は古来より、全国に自分の信じるに価する良師を求めて行脚するというものでした。そのことにより「雲水」（雲は行き水は流れるの略）という語ができたともいいます。

雲水とは禅の修行僧のことで、黒か紺色の地味な色の衣装を身につけ、今も変らず毎年全国の修行道場に新人が入門していきます。この時、あじろ笠を頭にかぶり地元を出立していくのですが、得度の師は餞別の意を込め笠の裏にこの語を書いて昔は送っていたといいます。

ここで少し説明しなければなりません。禅宗の僧侶は、通常二人以上の師匠を持ちます。一人は得度の師、つまり僧侶になる時の師匠。そして専門修行でつく、参禅

（禅問答）の師です。

出家すると得度の師に、お経やその他の作法を学びます。そしてその期間の僧を小僧といいます。その上で改めて本格的に坐禅を中心とした修行期間の僧が雲水と呼ぶのです。

またここでいう鞋とは、草鞋《わらじ》のことです。現代人は、なかなか草鞋をはく機会はありません。ですから草鞋を素足ではくと、初め足の甲に縛る縄がすれて足の皮が破れてしまいます。しかし、しばらくすると、その皮が厚くなって草鞋にも慣れてきます。前にもお話しましたが、最近は、本物のワラでできているものは少なくなってきており、ビニールヒモを編んだ物が多く使われています。

この語の出典は、中国宋代の詩人蘇東坡の「僧」と題する詩です。
一鉢即ち生涯
縁に随って歳華《さいか》を度す
是れ山皆《み》な寺の有る
何《いず》れの処にか家たらざらん
笠は重し呉山の雪
鞋《くつ》は香し楚地の花

他年禅室を訪ね
寧《むし》ろ路地の賒《とお》きを憚《はばか》る

「一鉢」とは一衣一鉢のことで、食事をする一組の椀をいい、すなわち質素な生活のことです。また「歳華」とは、年月のことです。「呉」とは、地名で現代の蘇州、寒冷の地です。「楚」は、揚子江流域の湖北、温暖な気候といわれる場所です。

一衣一鉢の質素な雲水修行を生涯続け、気の向くままに年月を送っています。至る所に山が有り、その山有る所には必ず寺があります。ですからどこへ行っても住むべき家が有るではないか。

寒い呉では、雪で笠が重い。温かい楚では路傍に多くの花が咲き、鞋に花の香りがついてきます。

長い行脚の途中には、雨の日風の日嵐の日もあり、難儀することもあります。しかし晴れの日も楽しい時もあるのです。その気持ち、楽しみ苦しみを「笠は重し呉山雪、鞋は香し楚地の花」といったのです。

雲水修行に入ると、すぐに托鉢にだされます。おおよそ三人で一グループとしていくのですが、大学でたての若者にとって、この行為はことのほか恥ずかしいものです。その姿、形にも慣れていないのもありますが、プライドやらなんやらが邪魔して満足な声もでないのです。

托鉢は喜捨を求めて出ていくのですから、人は「ホーオー」という声を聞き、出てきてくれるのです。その声が聞こえないのでは、話になりません。当然先輩僧に叱られることになります。そこでほとんどヤケになって、必死の大声を出すことになるのですが、こうしていうと不思議と羞恥心もなにもかも消えて無くなっていくのです。

そして感動がわいてくるのです。自分は僧の身なりをしていますが、昨日までなにをしていたのか、どこの馬の骨かもわからないのに、お金やお米を喜んで下さる方がいる。

これは、我々の先人であった僧の皆様の並々ならぬ努力精進によって得た信用なのだと。その心は広大無辺に広がり、卑下の心も増上慢も無くなりまさに無心、流れる水の如く心境となるのです。

このことは、経験して初めてわかるものの一つです。


近年、健康のためといって一般でもウォーキングがはやっています。托鉢という訳にはいきませんが、歩くという行為は、身体だけでなく心にも良いということは、確かなようです。

ちょっと気分を変えて、外の空気に触れてみませんか。

いまを積極的に生きる

雲収山岳青

雲《くも》収《おさ》まりて山岳《さんがく》青《あお》し

▼煩悩をぬぐえば仏と同じ心に

中国北宋時代の瑯琊《ろうや》慧覚和尚の句、「日出でて乾坤輝き、雲収まりて山岳青し」を出典とします。

雲が風に流され、美しい山が姿を表わす。ごく自然の景観を述べたものですが、禅の見方では雲は煩悩や妄想をいい、山岳とはまさに仏性です。つまりどんな人も仏と同じ心（仏性）を持っているが、普通の人は煩悩の中にまみれていてそのことを自覚していない。そのため坐禅（修行）して煩悩をぬぐいさえすれば、人間本来持っている仏性が表われてくるということです。

私自身の今までの人生を想いおこしてみると、一番悩み苦しみを抱えていた時代といえば、多感な高校生の頃だったかなと思います。理想と現実のはざまで葛藤していた気がします。坊さんに人間の理想をみていた私は出家していましたが、現実の大人の僧侶をみた時、幻滅していたのです。この時代誰もが持つであろう「大人はキタナイ！」という感情です。偽善ということです。

その時救ってくれた一冊が、今回紹介する本です。

それは加藤諦三著『高校生日記』（秋元書房）です。この本は、著者の中学・高校時代の日記の中のことを編集・整理して出された本ですが、私の人生に大きな影響を与えました。まさにモンモンとした雲のかかった状態から、それを風で吹き払う存在となったのです。当時、加藤諦三さんは、早稲田大学の助教授で、ラジオに出演したりと若者に人気の文化人・学者でした。

その経歴は、進学校の都立西高から東大卒という勉強ギライの私からみると、誠に羨ましい限りの完璧なものでした。ただ本を読んでみて知ったのは彼が東大受験に失敗し、浪人も経験していたということです。まずここに勇気づけられました。

そして日記は、中学時代から入るのですが、当時練馬に住んでいた彼はまるで野生児で、私の想像していたインテリのイメージとは、かなり懸け離れたものでした。私も田舎のほうの出身でしたから、野山をかけまわるようなその姿に親しみをおぼえたのです。ただし……、それでも勉強ができていたというのが私と彼の、大きく懸け離れた所ですが。

彼は、高校時代に同じ学校に彼女ができます。その時、彼は彼女のことをベタほめし「オードリー・ヘップバーンより彼女のほうがきれい」といっています。しかし彼女は心変わりし自分の親友だと思っていた秀才にとられてしまいます。すると彼は、今度は、彼女を劣悪・無教養につきる存在だといい出すのです。この変わり様。

実は当時、私の友人にも同じようなことがありました。そんな友人を私はなぐさめながら、自分だったらこんなことはいわないだろうと思ったのです。ふられた時の対処には二通りあり、一つは相手を下げる場合と自分を下げる方法。

私だったら「彼女は自分には、もったいない存在なのだ。だから今後は、努力して彼女にふさわしい程の人間にならなければいけない」と考える。

まあ、それはともかく、これまで頭のいい人間は、私などとは、思考（思うこと）でもとてもかなわない（高尚）と勝手に思い込んでいました。しかし、そうでもないんだな、人間の考えることなんて似たり寄ったりなんだということに気がついたのです。そのことが自分に生きる勇気を与えたのです。

日記は、彼は東大受験に失敗し彼女をとった秀才が受かったという話で終わっています。その後、浪人し彼も東大に受かることになるのですが、こんな時代も今輝いている彼にあったのかと思えた時、私は心底救われたのです。

「あとがき」に彼は、いっています。

――青春を謳歌した人も、青春を謳歌しない人も同じように年をとり、同じように死んでいくのだ。青春のよろこびを味わった人間だけが死ぬというなら、よろこびを味わうのも考えものだろう。ただ、結局は皆死ぬのである。――

確かに太い人生を歩んでみても、細い人生を歩んでみても人間は、いつ死ぬかわからない。だったら太い人生を歩んだほうが、得ではないか。

私も雲水修行をしていた時、本当に死ぬかという想いをしましたが、今もこうしてちゃんと生きています。そしていえる結論は「死ぬ気でなにかをやってみる。そんな時間が、人生の中にあってもいい。きっとそのことによって、死ぬことは決してないから」。そう思えるようになったのです。

そんなところから、「山岳青し」といえる心境が得られるのだと思うのです。

転活機輪

活《かっ》機《き》輪《りん》に転《てん》ず

▼静と動は人を動かす両輪

百歳以上の方の所在不明の問題がとりざたされていたことがありました。先日百歳まで生きておられる方の長生きの秘訣をテレビで質問している番組を見ました。運動をすることとか諸々の答えがありましたが、なによりも「生きがい」という解答が一番多かったようです。

今の若者は、「生きがい」が無いといいます。「生きがい」がなくて、なにが悪いのかとも。これは大変な問題だと感じています。なんとなく育ってきた者には、危機意識はない。厳しい時代を生き抜いた人々だからこそ、命の活かし方を学んだともいえるのではないか。「生きがい」とは、自分の存在が世の役に立っているとの自覚できることから生まれてくると思うのです。

村田珠光、武野紹鷗、千利休によって茶道は確立されたといいます。珠光は一休に参じ、紹鷗は大林、利休は笑嶺らの大徳寺僧の元で修行しました。そして「茶禅一味」の境地を体得していった。そしてそれは、禅の静の世界から、茶の動の世界に花咲いていった。

この「活機輪に転ず」とは、まさにこのことで武野紹鷗の師、大林宗套禅師が紹鷗に「一閑居士」の号を与えた時の頌(漢詩)の一節です。禅でつかんだ精神性を茶の湯での闊達な行為に活かすことを願い、その餞《はなむけ》とした句ということ。茶の湯は、業ではない、行であると。実践行によってのみ、人の役に立つものとなるのです。

ジッとしているだけでは、死人《しにびと》といっしょでしかない。ただ動き回るだけでは、意味をなさない。まさにこの静と動は、人を活かすための両輪となる。決して別物ではない、物の表と裏、一体のものだということなのです。

おもしろい企業があります。住設部品のメーカーで業界トップクラスの業績を上げている「未来工業」という会社です。場所も都心ではない。岐阜県輪之内町という所にある地方の会社。その会社がこの前の三月期決算で経営利益がなんと十七億円。しかしそれ以上になんといっても驚きなのは、会社の年間休日百四十日で、残業はゼロだということ。

世の常識を打ち破るこの経営方針には、外国の企業も注目しているといいます。会社の創業者山田昭男さんは語ります。

「休みが多いと社員が不安になり、働いている間の生産性が高まる」

つまり、無駄がなくなる。社員が危機感を持つということなのだろう。自分にとってこんなにいい会社、つぶしてなるものかと。

以前この会社をテレビニュースの番組で紹介しているのを見ていたら、一般の社員が人のいない場所の電気をあたりまえに消して歩いていた。こんな所に「自分の会社」との意識を強く感じました。現代の若者は自活して、初めて電気・水道を意識するという。へたをすると「水道・電気にお金がかかるとは知らなかった」などという若者もいるそうです。そんな環境の現代社会で、会社にまで思いを馳せられる人がどれだけいるか。

私のお寺などでも、法事に来られてトイレの電気をつけっぱなしのままで帰ってしまう人がいます。これに関しては、檀家さんに「私のお寺」との意識も持たせられない、お前の力不足だといわれれば返す言葉もないのですが……。

それはともかく、この会社にはもう一つ大きな特長があります。あくまでも自社開発にこだわっているということ。自社開発なら、当然利益も大きくなる。そして社員誰れでも、アイデアを提案すると、一律五百円出すのだそう。そしてそのアイデアから、この会社の知的財産権が現在四千件を越えているというのです。

今また新たに驚かされることをこの会社はいい出しました。来年二月、七百七十人の社員を会社負担でエジプトに招待し、ピラミッドを借り切ってクイズ大会を開くのだといいます。そしてその全問正解者には、なんと「一年間の有給休暇」をプレゼントすると。

なんとも、楽しい会社ではないでしょうか。創業者山田さんはこれに関しても、「不安だからすぐに職場に戻ってくる。その時は給料にアルバイト代を上乗せしたい」と余裕のコメント。

私はよく「めりはり」ということをいいますが、ふと雲水時代の修行を想い出しました。「静と動」も長期的・短期的な展望があるなと。雲水時代の坐禅は、強制的です。なにがあっても坐禅中は、じっとしていなければならない。動きたい欲求に強烈にかられる。すると作務という労働時間になると、その願望を爆発させるようになるのです。動けることの幸せを感じられる瞬間。

雲水の動きは、よくてきぱきとして切れのある動きだといいますが、これもそんな環境が造り出している姿なのではないかなと。

「活機輪に転ず」の話から、そんなことに想いを馳せたのでした。

平常心是道《へいじょうしんこれどう》

▼邪心がなくなれば道は開ける

有名な禅語の一つです。そしてまたこの語は、禅の根本命題ともなる言葉です。初めてこの語を発したのは、馬祖道一禅師といわれます。馬祖は、雲水に「道」とはなにか尋ねられます。

それに対し馬祖は、「道なら垣根の外にあるよ」と答えます。すると雲水は「そんなこと聞いているのではありません。景色のことばではなく答えて下さい」。すると馬祖は「平常心是道」と。景色のことなど自分はいっていない。お前のその足元が、道そのものではないかといったのです。つまり道というものは、なにか特別なことではなく、日常生活そのものにほかならないのです。

その後、時代は下り『無門関』に再び、この語は登場します。趙州が修行中、師の南泉に道を尋ねるのです。すると南泉もまた「平常心是道」と答えました。禅僧は、いつの時代になっても道を求めるのが務めということです。

さてここでいう日常とは、のんべんダラリとなにもしないということでは、決してありません。本能のままではないのです。

そのヒントが『無門関』平常心是道の無門和尚の頌(コメント)にあります。

——春に百花有り　秋に月有り
　夏に涼風有り　冬に雪有り
　若し閑事心頭に挂《かか》ること無く人は
　使ち是れ人間の好事節——

「日々是好日」でも同じですが、好事節とはいつも楽しくて自分に都合のいいことばかりが起こるということではありません。この自分のご都合主義を廃した所の好事節です。邪心がなくなれば、余分な計らいはなくなります。そのことをいっているのです。

昔、升田幸三という将棋の名人がいました。希代の勝負師といわれた人です。この升田名人は、少年の頃家出をして将棋の道を歩もうとしました。ある日、「名人になるまでは家へ帰らない」という誓いを立て、広島へ出て来ました。そして天ぷら屋さん、クリーニング店に奉公しながら、将棋会所に通いました。

運よく木見金治郎八段と知り合いになり、門下生になることができました。しかしそこで待っていたのは雑用ばかり。掃除・洗濯・台所の手伝い……。プロ棋士の修業というのは、先生が手を取って教えてくれるものではなかった。その時初めてそのことを知ったといいます。「自分で強くなれ」師匠には、そういわれました。しかし、だからといってどうしたらいいのか、悩んだそうです。

そんな雑用に明け暮れる中で、升田少年はどんどん不満をつのらせていきました。ある日、使いから帰ると木見夫人にこっぴどくしかれたといいます。豆腐を買いに行き、帰りに転び豆腐をグチャグチャにしてしまったからです。

「使い走りも満足にできないのに、何が将棋ですか！」

この言葉が少年の目を開かせたというのです。将棋の修業は、盤上に向かっている時だけではないのだ。与えられた仕事をきちんとすること、それが将棋修業なのだと。

それから後、升田少年は何をするにも気持を集中して、物事にのぞむようになったといいます。しだいに雑念は消え、仕事もうまくいくようになり、兄弟子達の盤を見学し勉強する余裕ができていったといいます。そして名人にまでなったのです。

中国宋代の白雲和尚は「道とはこれだ、ただこれ、これだ。どうして通れぬか」と雲水にせまったといいます。まさに道とは、ただこれです。それを極めた先に、道があるのです。

最近は、就職難と聞きます。しかしそこでも、「これは自分にはあわない」といって簡単に仕事を放り出す人がいるそうです。だいたい世の中で、始めから自分に合う仕事、好きなことをやっている人がどれだけいるか。今、楽しく好きな仕事をしている人がいたとしても、それは始めからそうだったわけではありません。

私自身でもそうでした。人を救いたいなどと勝手に思い込み、出家はしてみたものの、与えられた仕事は観光客の案内やみやげ物を売ること。そんな時、自分は商売人になりたくて、坊さんになったんじゃないと思ったものです。

そしていよいよ専門修行を志し雲水になっても、初めて与えられた仕事（作務）は、便所の肥くみでした。大学まで出て、なんでこんなことしなければならないのか、実績もないくせに変なプライドばかり持っていた自分の姿がそこにありました。

人生、どんな仕事でも好きなことだけをやって、苦手なことがまわってこないことなどないのです。苦手なものがまわってくれば、それはそこで苦手を征服するチャンスでもあるのです。人間前向きに向かっていけば、苦しいなんていっていられないのです。そして道が開けていく。私はそう思っています。この姿勢を持つこと、それが「平常心是道」です。

従門入門不是家珍
門《もん》より入《はい》る者《もの》は是《こ》れ家珍《かちん》にあらず

▼最後は自分で決断を

中国の雪峰義存禅師は、苦労に苦労を重ねてようやく悟ることができました。その長い歳月の間で、自ら率先して掃除修行に励んだと伝えられています。

禅の道場では、特殊な専門用語があります。例えば便所のことを「東司《とうす》」といったり、食事当番を「典座《てんぞ》」といったりします。私は、入門して初めの頃、これに大変とまどったものです。先輩に「東司掃除をしてこい」といわれても、その東司がなんだかわからないのです。聞けばいいだろうと思われるでしょうが、道場という所はそんな質問ができるような雰囲気ではないのです。

だいたい道場に入門するということは、その時点で基本的なことは身につけているから修行させて下さいというスタンスです。「知らなかった」が、通用する所ではありません。だから現場で必死に覚えるという土壌がそこに生まれます。普段だったら絶対に覚えられないお経でも、非常に短期間で覚えられてしまう。そんなことが起こります。いかに普段、自分の能力を使っていないか、そしてそのことに自分で気づいていないかを自覚します。

話がそれてしまいましたが、台所の仕事をする者のいる部屋を「典座寮」といいます。ここを別名「雪峰寮」などともいいます。また便所の「東司」のことは「雪隠《せっちん》」ともいいます。これは、この雪峰和尚の名からきているのです。それほど雪峰和尚はこういうことに励んだという証、名のこりなのです。

ある時、兄弟子であった巌頭と雪峰は山道を歩いていました。冬の寒い日であったため、途中の大雪のため足止めになってしまいました。雪の入りこまない所を見つけ、その日はそこで過ごすことにしました。巌頭は、さっさと寝てしまいます。雪峰はというと、ひたすらそんな中でも坐禅に励んでいます。

夜中になり巌頭は、声を掛けます。

「そろそろ、休んだらどうかね」

すると雪峰は、いいます。

「私はまだ先輩のように、安心《あんじん》（悟り）を得ていないので寝れないのです」

ではということで巌頭は起き上がり「私がお前の境涯（心）を点検してやろう」といいます。そこで雪峰は自分の心境を語り始めます。

しばらく聞いていた厳頭ですが、大声で叱咤します。

「你《なんじ》、道うことを見ずや、門より入る者は是れ家珍にあらず、須らく是れ自己の胸中より流出して、蓋天蓋地にして方に少分の相応有るべし」

この言葉を聞き、雪峰大いに感じる所があり悟ることができたというのです。

「家珍」とは、家の宝物。自分にとって一番大切なもの、即ち悟りです。教えてもらうもの、聞いて学ぶもの、そんなもので悟ろうとしてもいつまでたっても埒はあかないぞ。他ではない自分自身をしっかり見つめ、その自分の胸中のスカッとした天地を抜けるような心境を見い出すこと、それこそが悟りの消息ではないか。

雪峰はこの一喝を聞いて、他からの教えにこだわり過ぎていた自分に気付き、新たに目ざめたのです。

「師父《すひん》、今日始めて是鰲山《ごうざん》成道」

「先輩、兄貴！ 今日こそ悟ったぜ！」と歓喜の声をあげたのです。


人にはそれぞれ色々な悩み、苦しみがあります。私も相談を人から受けることがあります。そこで私が必ずいうことがあります。「最後は自分で決断して下さい」と。それは、拙ない自分の経験からいっているのです。私は若い頃、人の助言をそのまま実行したことがあります。そしてその結果、自分の納得のいかないものとなってしまったことがありました。この時、確かに人の助言を聞こうという自分の判断はありました。しかし決断していなかったなあと。

結果、人の助言が成功した時はいい。しかし失敗した時は、後悔がのこります。自分の決断したのなら、それが失敗しても納得ができます。そう思ったのです。

たしかに助言はありがたい。しかしどんなに素晴らしい助言も、助言は助言であり主言ではありません。いいかたは良くありませんが、所詮は他人のことなのです。

自分の中から出てきたもの、それこそが本物なのです。いかに周りが教えてやろうと努力しても、まさにその本人が学ぼうと心から思わなければ学ぶことなどできないのです。

こういう所を知っておくと、人づきあいや教育などでもカリカリせずに人と接することができるのではないでしょうか。「門より入る者は家珍にあらず」大切な教えです。

開窓岳雪明

窓《まど》を開《あ》ければ岳雪明《がくせつあき》らかなり

▼後悔よりも反省を

家の窓をあけると、雪を冠った山々が白く輝いているという情景。あたりまえのことのような風景ですが、窓を開けなければその姿を見ることはできません。つまり長い月日積った煩悩に気づかなければ、元来もっていた純白の心は見ることはできないのです。

先日、拘置所で行われる運動会に行ってきました。もちろん参加者は、受刑者です。このような場所で、運動会などをやるということを知らない人も多いかと思います。日本全国にあるこのような施設では、それぞれカラオケ大会やさまざまなイベントが行われています。

なかには、「ふざけるナ。悪いことをした人間に、そんな娯楽はいらない」という方もいらっしゃるかもしれません。しかしやはり同じ人間なのです。しめつけるだけでは、教育はうまくいかないのも事実です。そしてこれは、単なる娯楽の意味だけではないことをある施設の受刑者の運動会の感想文で知りました。

この施設には、毎年運動会に近所の幼稚園児が参加します。殺伐とした刑務所のグラウンドに園児たちが勢揃いすると、一瞬その空気が変わります。そして演奏が開始されると視線は、園児たちに集中し、その背景などどうでもよくなります。

「空から舞い降りた天使たち」

そうこの受刑者は、表現しました。そして想い出したというのです。自分の子どもが小さかった頃、女房が都合で運動会に出れなくなってしまい、私が代わりに行くことになりました。ふだん子どもたちと遊んでやれなかったことの罪滅ぼしの時がきたのだと思いました。

子どもたちは無邪気に

「とうちゃん、ホントだね。約束だよ」

大はしゃぎで、前日の夜は帰宅の遅い自分をずいぶん遅くまで待っていたといいます。朝起きると枕もとに息子の置き手紙がありました。

「おとうさん、九時までに来てネ。約束だよ」

学校の門をくぐり、運動場の息子のクラスの近くへ行くと、子どもは真っ先に私の手をとり、「とうちゃん、ここだよ、ここ」と一番前の席に私を案内しました。そして「僕、頑張って走るから、よく見ててね」というとフィールドの方へ元気に走っていったのです。

昼休みになり、妻の作った弁当を子どもと食べている時、つい暑さを感じ上着を脱いでしまったのです。周囲の気配がおかしいのに気付いた時には、目の前が真っ暗になってしまいました。子どもや同級生の前で入れ墨をさらしてしまったのです。あわてて上着を羽織って息子の顔を見ると彼は悲しそうな顔をしていました。しかし大粒の汗をかいている私を見上げ、こういいました。

「とうちゃん、暑かったら脱いでいいよ。僕はどんなこと言われても平気だよ。世界中でとうちゃんが一番好きだもん」

息子の目には、うっすらと涙がうかんでいました。

当時小学校四年生だった息子も、今は中学二年生です。

先日、集会で食べたカップのラーメンを「こんなうまいものだとは思わなかった」と妻あての手紙に書いたところ、息子は「正月のお年玉の中から、三千円送ってやろう。とうちゃんに腹いっぱいラーメンを食わしてやろう」と話していたとのことでした。

自分は、いい息子をもっています。一日も早く出所し、来年秋には息子の中学最後の運動会に、観客席から大声で声援をおくりたいと思います。

受刑者に矯正教育をほどこすなどといいますが、教育とは頭ごなしに押しつけることではないのだと改めて感じます。そして場面、場面でさまざまな教育がある。子供に教えられることもたくさんある。

なにか失敗をした時、後悔だけの人がいます。後悔も必要ですが、なにより大切なことは反省です。自分の立ち位置をもう一度確認し、前に向かなければ、失敗は無駄にしかなりません。反省し、心を前向きにした時、窓は開けてくるのです。そして見えてくるものがあります。

マラソンの高橋尚子選手が、当時の世界最高記録に挑戦した時に、その心境を短歌にしました。

「今までに一体どれだけ走ったか
　　残すはたった四十二キロ」

過去をふまえ、今を生ききる。この歌に表れています。

枯木再生花

枯《かれ》木《き》再《ふたた》び花《はな》を生《しょう》ず

▼意志あるところに道は開ける

二〇一一年三月十一日、東日本大震災が起きました。マグニチュード9という想像もしなかった大地震、さらに津波。その上に追いうちをかけるように原発事故です。テレビでは、その当時の映像は連日放送し続けました。私の知る限り、私の生きている時間の中で、日本最大の危機といってもいい状況がそこにありました。同じ日本の中でこんなことが起きるなんて……。

今も懸命にその復興が続けられています。

中国唐代の詩人・杜甫に「春望」という詩があります。

国破れて山河在り
城春にして草木深し

時に感じては花にも涙を濺《そそ》き
別れを恨んでは鳥にも心を驚かす（以下略）

この詩は戦争のことをいっていますが、やはり国が破れたことには変わりありません。世界有数の経済大国を誇った日本。科学技術は世界最高水準を誇ると自負していた知識人、原発は絶対安全と豪語していました。しかし現実はどうでしょう。人間の業のはかなさをひしひしと感じるのです。

また復び春を迎えます。残された瓦礫の下からも若葉が出し、新芽が出てきます。そしてそのうち復び花を咲かせることとなるでしょう。

「枯木再び花を生ず」とは、まさにその希望の花のことです。時には花を見て昔時を想い出し、涙を流すこともあるでしょう。一緒に過ごした家族や友人の別離を想い出し心が痛むこともあるでしょう。しかし時は、巡っていくのです。

人生は、無常と仏教では教えます。その無常の厳しさから、自分の人生のあり方を学ぶ。それこそが、この禅語の持つ価値だと思います。

私達もいつなんどき、どんな死に方をするかわかりません。しかしそれを恐れ、ビクビクしているのであれば、それこそ無駄な人生を送るといわざるを得なくなります。

鰻の稚魚は、外国からの輸入がほとんどだと聞いたことがあります。長い時間をかけ、外国からの船で運んでくる稚魚は、始め全滅だったそうです。頭を悩ませた業者のとった行動は、稚魚の入っている水槽に天敵であるナマズを放り込むことだったのです。なんでそんなことと思いますが、実際二割の稚魚はナマズに食べられてしまいます。そして一割は、やはり死んでしまいます。でも他の七割の稚魚は、日本まで生きて着くことができたというのです。

近年、平和ボケといわれた日本人への、あの震災は警告だったようにも思えてくるのです、もちろん亡くなられた人に、罪はありません。深く哀悼の意を申し上げることは当然ですが、残されせっかく生かしていただいた命があるのなら、必死の生きざまを示せなくては、不幸にして亡くなってしまわれた方に申し開きができません。託された命なのです。あのような状況下で、生き残ったのは奇跡です。そして奇跡という言葉があるのは、そういうものが存在するからある言葉です。

禅僧は、修行中まさに死ぬのではないかと思えるような極限状態を経験します。あたり前です。食べるものは沢庵、梅干し、お粥などの質素極まりないもの、睡眠時間は極端にけずられ、冷房も暖房もありません。その割に労働は、かなりの重労働です。

よく坊さんの修行と、スポーツの訓練が比較されます。そこで私はいうのです。修行もスポーツも、その人の能力を最大限を引っぱり出そうとするものです。しかしスポーツの場合はパフォーマンスの生み出せるバランスのよい食事、適度の睡眠、そして練習など。科学的な検証の元で最大限のその人の力を、生み出せるように持っていきます。対して修行は、逆なのです。最悪の環境の中で、その人の最大限の力を引っぱり出そうとするものなのですから。

現実に考えてみて下さい。生きている中で、そんなつごうのいい環境なんて、まずないのです。いい環境の中でそれができても、悪い環境の中でできなければ、それは真の実力ではありません。悪い環境でできれば、良い環境なら必ずできるのです。

東北の方々は、まさに必死の中でその力を養う時なのだと思います。そこから蘇り、再び柳は緑、花は紅の明るい世界に必ず帰ってくることを信じています。そこを我々は「大活現前」の力というのです。

私の最も好きな言葉、修行中の礎となった希望の言葉を贈りたいと思います。

——花の咲かない冬の日は
　下へ下へと根をおろす——

意思あるところには、必ず道が開けます。「枯木再び花を生ず」今、日本人に最も必要な言葉ではないかと思い、今回とりあげさせていただきました。

忘筌《ぼうせん》

▼目的と手段は同じではない

「筌《せん》は魚に在る所以《ゆえん》、魚を得て筌を忘る。蹄《てい》は兎《う》に在る所以、兎を得て蹄を忘る」

中国の古典『荘子』に出てくる一節です。

「筌」というのは、魚を捕える道具、そして「蹄」は兎を捕えるわなのことです。つまり「魚や兎を捕えたら、その道具のことはスカッと忘れてしまえ」という意味です。目的と手段は、同じではないといいたいのです。

この言葉に、大学時代に聞いた話を思い出しました。「インド思想史」という講義で聞いた「筏の話」です。

一人の男が一本の道を歩いていました。すると目の前に大きな川があらわれました。橋もありません。男はどうしても向こう岸へ渡らなければならなかったのです。そこで周りにある木々を集めて、筏《いかだ》をつくることにしました。流れの速い大きな川でしたから、しっかりとそれに耐えられるものをつくりました。そのおかげで無事に川を渡ることができたのです。

男は、心から筏に感謝しました。ですからその筏もいっしょに持っていこうとしたのです。でも筏は頑丈で重い、泣く泣く筏を捨てて、再び道を歩いていったのです。

ここでいう道とは、人生です。そしてこの筏は仏教というもの。人の弱っている時、必要とされているもの。でも救れた後、そこにとらわれていたら大きな負担になってしまいます。人は、歩みを止めるわけにはいかないのです。だから必要とされる時にこそ、寄りそえばいい。そんな内容でした。

まだ若かった私は、仏教とはそのまま坊さんに置きかえられると思ったのです。それくらいの姿勢で、人に接しなければいけないなと。

私は、今毎日「坐禅会」をやっています。都内で毎日やっている所は、少ないようで全国から来て下さいます。正月二日から、十二月三十一日まで祝日も休みなく行っています。少しでも多くの人に、坐禅というものを知っていただきたいと考えているからです。

するとどうしても、力が入ってしまいます。そして坐禅のすばらしさを語ってしまうのですが、来られる方のほとんどは一回限りという方が多いのです。そしてがっかりしています。でもここに、心の押し売りがあることに気づくのです。そうだ、自分は筏だったと……。

今、再び宮沢賢治が注目されているようです。

雨ニモマケズ

風ニモマケズ

雪ニモ夏ノ暑サニモマケヌ

丈夫ナカラダヲモチ

慾ハナク

決シテ瞋ラズ

私も大好きな詩です。この詩は賢治の死後トランクの内蓋の中から発見された黒色レザー張りの手帳に記されていたものだそうです。ですから賢治もこの詩を発表することを前提としていなかったでしょうし、その願い祈りは自分を鼓舞するためだけのものだったのでしょう。だからその素直な心が人を打つのだと思うのです。

実際、賢治は兵役免除になるほど体は弱かったし、三十七歳で亡くなっています。決して丈夫な体ではありませんでした。だからこそ悲しさやつらさがこの詩を書かせたのです。賢治の生まれた年、陸羽地震が起きました。そして亡くなった年にも昭和三陸地震が発生しました。

東日本大震災の後、アメリカの追悼式典で英訳「雨ニモマケズ」が朗読されました。

そしてそれは、多くの国々で報道され、深い感銘を与えたといいます。カート・キャンベル米国務次官補の「アメリカは日本のためにあらゆる協力を惜しまない」というあいさつに対し、駐米大使藤崎一郎氏が、復興に挑む日本人の心として引用したのです。

宮沢賢治は、東日本復興のシンボルです。夢です。そして賢治の名が出なくなった時、真に東日本が復興したといえる時になるのだと思います。

ところで小堀遠州公は、六十九年の生涯を終えた時、

——きのふといひけふとくらしてなすことも
　なき身の夢のさむるあけぼの——

の辞世を残しました。いわずとしれた京都大徳寺の孤篷庵に残る遠州公の大切な茶室は、「忘筌」と命名されています。遠州公は、目的と手段を取り違えるなよと、いいたかったのだと思います。茶道の原点に立ち返えることをそのメッセージとしてこめたのではないでしょうか。

——茶の湯とは　ただ湯を沸かし
　茶を点てて　飲むばかりなる事を知るべし——　　千利休

学道如鑽火

学道《がくどう》は火鑽《ひき》るが如し

▼たゆまぬ努力、精進を

『夢窓国師語録』に出てくる言葉です。学道とは、仏道修行。火を鑽《き》るとは、昔の人の火の起こし方。木の板に木の棒で錐もみして、火を起こすということです。煙が出始めても休まずそれを続けなければ、火を起こせません。

このようにくさらず、たゆまぬ努力精進することによってのみ、輝やかしいお釈迦様と数分たがわぬ悟りが開けるということです。

私もこうして原稿を、書かせていただいていますが、時にはなにも想い浮かばず苦労することがあります。そして自分は、坊さんだし、という逃げ口上を考えてしまうのです。また調子良く、スラスラと文章が書ける時もあります。こういう時には、私のような者に書かせていただける、ありがたいことだなどと思うのです。まことに人間とは、勝手な存在です。

今、自分はスランプに落ちいっています。そこで、なんかヒントを得ようと本をあさっていました。すると昭和の大作家松本清張氏の話が出てきました。松本氏は、推理小説、時代小説から古代史、現代史と幅広いジャンルの文章を書かれた方です。

ある時、氏にベトナム戦争が泥沼化した北ベトナムの様子を取材寄稿する依頼が舞いこんできたのです。同行したのは、語学が堪能だという森本哲郎氏。昭和四十三年二月、羽田空港を出発、プノンペンで一週間を過ごし、ラオスの首都ビエンチャンでハノイ入りを待っていました。しかしなかなか飛行機は飛びません。二週間そのままの状態が続いたのです。

流行作家の松本氏もあせり始めます。出張のための連載は、書きだめして渡してあります。しかしそれもいつまでもつか、日程が大幅に狂ってきたからです。

そこでおつきの森本氏は想いつきます。それは原稿用紙をつくることでした。実は、松本氏はメモ帳を持っていても、原稿用紙を持ってきていなかったのです。当時の作家は皆、原稿用紙に書いていたのです。

松本氏の不安を撃退する武器、それが原稿用紙だという訳です。ホテルの備えつけのレターペーパーに鉛筆でひたすらマス目を引いていきました。見ていた松本氏もこれに加わりました。そして束になる原稿用紙を仕上げたのです。

その時、松本氏は言いました。

「きみ、作家の条件って、なんだと思う？」

「才能でしょう」

「ちがう、原稿用紙を置いた机の前に、どれくらい長くすわっていられるか、というその忍耐力さ」

私は、この言葉に胸がうたれました。はたして自分が、どれだけ机の前にすわっていられただろうかと。こんな大作家と自分を比べられるものではないのですが、文を書くというモチベーションを保つ方法としていいヒントだと思ったのです。


さて、話は変わりますが、私は僧侶です。そして一ヶ寺の住職を務めさせていただいています。当然、お葬式の導師なども依頼されます。その時、そこでお布施をいただくことになるのですが、一般的に考えてこのお布施というのは、高額な気がします。私もそこになにか申し訳ないという感情を持っていました。それを一掃してくれる話が有りました。

イタリアのミケランジェロは、彫刻家として有名です。そのミケランジェロが、制作中の石像を友人に見せ、説明を始めたというのです。「この線にふくらみを持たせてみた」などと説明しているのですが、友人には前見た時と、どこがどう変ったのかわかりません。そこで「細かい所に時間をかけるより、次の作品に取り組んだほうがいいのではないか」と友人は助言したのです。するとミケランジェロは、言います。「そういう考えもある。しかし修正に時間をかけず、見かけだけいいものを作っても、決して人の心を打たないのだ」

そんなミケランジェロが、ある時貴族に胸像制作を依頼されました。ミケランジェロは、これを十日で仕上げ、金貨五十枚を請求します。貴族は、「十日でこれは高い」と抗議します。すると、ミケランジェロは言うのです。

「わずか十日で胸像を作れるようになるには、三十年間の修練が必要でした。ただの十日間ではありません。三十年の蓄積に裏づけられた十日間です。その価値がお分かりになりませんか？」

私も僧侶になり、四十年経ちました。私のお経は、四十年の修行の成果になるのです。お布施は、本来金額が決ったものではないのですが、この話を知ってとても気楽になりました。

茶道などでも同じではないでしょうか。修行年月の成果を、お弟子さん達に伝えているのです。それぞれのプロとして自信を持ってやっていきたいものです。そしてもちろん、さらなる精進もお忘れなくとつけくわえて。

慧玄会裏無生死

慧玄《えげん》が会裏《えり》に生死無《しょうじな》し

▼わからないことを考えるのは無駄

玄とは、京都妙心寺の開山、関山慧玄禅師のことです。この関山禅師には、語録も墨跡も残さなかったことが知られています。

それは私の想像でしかありませんが、禅には「没蹤跡《もっきょうせき》」という語があり、あとかたのない、言葉や行為としての跡をとどめないことを清しとする考えがあります。関山は自らその姿勢を示したのだと思うのです。つまり地位や名誉への執着を離れた真の自由人としての禅僧の生き方がここに表れています。

そんななかでも現在まで伝わる数少ない関山の語とされるのが、この短い一文です。

ある時、一人の僧が弟子入りを求めてやってきます。そしてこの僧は、関山に対していいます。

「私は生死の問題で悩んでいます。時は人を待たず、といいます。どうぞ早急に生死とはなんなのか御教示下さい」

　これに対して関山は「慧玄が会裏に生死無し」（自分の修行の中に生死などは一切無い）と言い、この僧をたたき出したというのです。仏教、特に禅では「生を明らめ、死を明らむるは仏家一大事の因縁なり」というように、生死の問題は仏教者にとって最大の感心事です。このことからいえば、関山の言われたことは、明らかに矛盾します。

　では、関山はなにが言いたかったのでしょうか。


　お釈迦様の逸話の中に、「毒矢のたとえ」というものがあります。

　マールンクヤという人が、お釈迦様に尋ねます。

「宇宙は、有限であるか、無限であるか」

「体と魂は、一つなのか」

「死後は、どうなるのか」

　どうやらマールンクヤは理屈っぽい人だったようです。

　これらの問いに対し、お釈迦様は言います。

「例えばここに毒矢に射られた人がいる。医者が来てその毒矢を抜きとり、手当てをしようとしている。ところがその人は、この毒矢を射った人は誰だ。この毒矢の成分は何だ。何の理由があって、この犯人はこの毒矢を射ったのか。それがわからぬうちは、治療は受けぬとがんばったとする。こうなると彼は、間もなく死ぬことになるだろう」と。

つまりマールンクヤの問いは、この愚かな人と似ているというのです。必要なことは、まず毒矢を抜き応急手当をすること。死後のことなど、頭を悩ましてもわからないことを考え込むことは無駄でしかない、というのです。

そんなことよりも、今現実に直面しているリアルな問題を解決する努力をすること、そしてこのような問題は、まじめに仏教修行を続けていれば自然に見えてきます。決して生きるということは、理屈ではないということなのです。

関山に対する僧のいう生死は、観念の遊びでしかありません。生死という事実を踏まえた上で、生死に振りまわされない自由を関山は伝えたのです。それほど関山の寺での禅修行は、厳しいものでした。

作家の吉川英治さんに、『忘れ残りの記』というものがあります。そこに母親との別れが出てきます。

さいごの息づかいらしいのが窺われたとき、ぼくたち兄弟は、ひとり余さず、母の周囲に顔をあつめて、涅槃の母に、からだじゅうの慟哭をしぼった。腸結核は、じつに苦しげなものである。ぼくは、どうかして、母が安らかな永眠につかれるように、という祈りみたいな気持ちから、ついつまらない智慧がうごいて『……お母さん、お母さんは、きっと天国に迎えられますよ。ほら、きれいな花が見えるでしょう。美しい鳥の声がするでしょう』と、耳元へ囁いた。

そしたら、母は、ぼくをにぶい眼で見つめながら『……よけいな事をお云いでない』と乾いた唇で、微かに叱った。……。

ぼくは三十で母と別れる迄、母に叱られた覚えは、二度か三度しかない。それなのに、母が、ぼくへ云ったことばの最後は、叱咤であった。

——よけいな事をお云いでない。

それから、たった三十秒か四十秒の後に、母は子供らの前から、物しずかに、去って逝った。

「よけいな事をお云いでない」

「玄が会裏に生死無し」

吉川英治さんの母も関山の弟子に対する姿勢も、本当の優しさとはまたその一側面として、厳しさを兼ねそなえたものなのではないでしょうか。

仏像の中には、不動明王のように忿怒の表情をしたものがあります。怒りに髪は炎のようにさか立ち、眼はランランと輝いています。

なぜおだやかな表情の仏像だけではないのかといえば、全ての人にそれだけでは導けないからです。時には、有無も言わせぬものも必要だということ、その消息がこの一句に表われています。

渓深杓柄長

渓深《たにふか》ければ杓柄《しゃくへい》長し

▼百人いれば百人の対応がある

『嘉泰普灯録《かたいふとうろく》』を出典とする語です。

山深い渓流の岩の上に庵を結んでくらす一人の老僧の所に、若い修行僧が訪ねて来ます。すると早速に問答が始まり、修行僧は、「如何なる是れ祖師西来意《そしせいらいい》」と問います。「祖師西来意」の祖師とは、ダルマさんのことです。ですからそのダルマさんが、なぜインドから中国へ渡って来たのか、その心境とはどのようなものだったのか、という問いです。

この問いに対し、老僧は長い柄の杓を差し出し、岩の下を流れる谷川の水を汲みとり、「渓深くして杓柄長し」と答えたというのです。この答えに修行僧は、納得し微笑みを浮かべ立ち去ったという話です。

谷川の水が浅ければ、短い柄の杓でいいわけです。深ければ、長くなければいけません。

ごくごくあたりまえの話ですが、これは縁を活かし臨機応変に対応、指導していく禅僧の悟りの心を表現しているとも解釈されています。長いものには長いように、短いものには短いようにとそれぞれに対応できてこそ、力量ある師といえるのです。相手の素養や環境などを加味し、それぞれに導いていくということです。

しかし、表面だけを見れば、これは僧の師弟関係だけを言ったものと思われてしまいますが、私から言わせてもらえば、僧から一般人に対する姿勢でも言えることですし、会社でいえば上司から部下、学生なら先輩から後輩、先生と生徒でも通用することだと思うのです。


私の好きな話に良寛さんの逸話があります。良寛さんといえば、有名な高僧ですが、お説教とかはあまり得意ではなかったようです。

そんな良寛さんに、ある日の事、婦人が我が家に来て子供を指導してほしいと願い出ました。この子は良寛さんにとっても、親戚にあたる子です。とても素行が悪く、親の言うことを聞きません。ですからお坊さんである良寛さんにどうにかしてほしい、とたよって来たのです。

良寛さんも親戚ということもあり、断わり切れず、ひき受けることになります。ですが当然、良寛さんこの子に言葉が出ません。そして意見も言えずいよいよ子供ともわかれる日を迎えることとなってしまいました。

帰りに玄関に立った良寛は、最後に言います。

「ちょっとすまんが、草鞋の紐を結んでくださらんかの」。

さすがに子供もこの時は、おとなしく良寛の足元にかがみ、紐を結んであげました。するとその子の首筋にポトリと水が落ちてきたのです。ハテと思い仰ぎ見ると、良寛の眼に涙がうるんでいます。それを見た瞬間、その子は猛烈な懺悔の念がわき起こり、それ以来、人が変わったようになったというのです。

この話から、自分の短所を長所に変えた良寛の「応機説法」（働きや素質に応じて法を説く）があると感じたのです。

またある学校の元先生のエッセイにこんな話もありました。

ある日の放課後、校長先生に来るよう呼ばれました。部屋へ入り何事かと直立していると、校長は「まあ、かけ給え」と椅子をすすめ、おだやかに笑いながら話しかけてこられたのです。ホッとしながら座ると、校長は「君のクラスの生徒の一人一人の長所を話してくれないか」と言います。

この先生は、生徒の名前は完全に覚えていましたが、長所となるとなかなか答えられないでいたのです。すると校長は、「では短所を話してくれ給え」と言います。今度は、すんなりと答えることができました。

すると校長は、「君、鈍重な者は裏返してみれば、落ちついているとは言えないかね。あわて者には、機敏な所があるかも知れないね。我々はともすれば、生徒の欠点や短所だけに目をつけたがるものなのだから、お互いにもっと長所や美点を見てやるように努めようじゃないか」と。

教育とは引き出すこと、無限の可能性をもつ生徒の能力や特性を伸長することだと信じて、実践しているつもりでいましたが、自分自身の矛盾にみちた思いあがりに、グサリと刃を刺された思いであったとこの先生は、回想しています。

百人の人がいれば、百人の対応があります。誰でも始めからできるわけではありません。そういう努力精進を重ねていく中で、指導する側もされる側も本当の力を養なわれていくことになるのでしょう。

「渓深ければ杓柄長し」、簡単な言葉ですが実践していくには、簡単なことではありません。

教育の原点に帰る、エリを正す禅語です。

那箇是真底

那箇《なか》是《こ》れ真底《しんてい》

▼肉体か魂か？　二元的対立をこえる

この語は『無門関』第三五則「倩女離魂《せいじょりこん》」に出てくるものです。この倩女離魂は、古来難透《なんとう》の公案（むずかしい問答）といわれ、雲水（修行僧）泣かせの問題とされています。また内容でも現実主義の禅僧では、特異な存在のものです。

中国、唐時代の怪奇小説がこの物語の由来で、まずその話を紹介します。

衡州《こうしゅう》という所に張鑑という人が住んでいました。この人には二人の娘がおりましたが、姉が早死してしまったため、妹の倩女《せいじょ》をことのほかかわいがって育てていました。倩女は、大変な美少女で多くの青年が結婚したいと申し込んできたといいます。その中から父である張鑑は、賓僚《ひんりょう》という気に入った青年を選び、その求婚に応ずることにしました。

しかし倩女には、ひそかに想いを寄せていた王宙という恋人がいたのです。王宙は張鑑の甥っ子でしたが、彼が子供の頃に張鑑の戯れで「王宙と倩女はお似合いのカップルだから、大きくなったら結婚したらよかろう」と言ったことがあったのです。二人はこの言葉をまっとうに受け、親の認めた許嫁《いいなずけ》の間柄だと思い込んで互いに愛し合うようになっていました。

そんな中で、突然父親から賓僚と結婚するように言い渡された倩女は、すっかり意気消沈してふさぎ込んでしまいました。王宙もまたその話を聞き、大いに悩んだすえ、倩女の近くに住むことはできぬと、村を出る決意をします。

そしてある夜、誰にもつげずひそかに小舟を出し、故郷を後にしたのです。すると夜中の岸をこの舟を追うように走ってくる人影が見えました。舟を停めよく見ると、それは倩女でした。彼は感激し、共に抱き合い喜びの涙を浮かべたのです。そして今さら倩女の父親の前に姿を見せられないと、二人手を携え蜀の国に渡り夫婦となったのです。

それから五年の月日が流れました。そして倩女も二人の子供の母親になりました。生活も落ちつき、人の親となった倩女は改めて故郷とその親、家に対する気持ちを日増しにつのらせていったのです。ある日彼女は、涙ながらに王宙に言います。

「あなたを慕って後を追い、無断で家を出てこんな遠い地に来ましたが、歳老いてきた両親はどのように暮らしているのでしょう。父母の大恩に背いて家出してしまった私のような不孝者は、二度と故郷へ帰ることはできないのでしょうか」と。

王宙もまた故郷を想う気持ちは変りありませんでした。そこで「それでは思い切って衡州へ一度帰って、両親に詫びをいれよう」と提案したのです。

そして、懐かしい故郷へ再び帰ったのです。舟着場に着くと王宙は、一度様子を見てくると倩女を残し、単身張鑑の家を訪ねました。そして自分の不孝、不義理を詫び、今までのいきさつを語ったのです。話を聞いた張鑑は驚いて言います。「お前は、誰のことを言っているのだ。娘の倩女は、お前が去って以降ずっと病気になって寝たきりだ」と。

王宙もまたその話を聞き驚き、「いいえ、倩女は間違いなく私と結婚し、子供までさずかって元気にしています。嘘だというなら、今本人が舟着場にいるので見に来て下さい」と言います。

張鑑は信用せず、まずは古い召使いに舟着場に見に行かせます。すると帰って来た召使いは、確かに倩女だと言うのです。張鑑は、あわてて倩女の部屋に行ってみると、やはりそこに臥せているのは倩女です。

あまりの不思議さに、病臥の倩女にそのことを話すと、彼女はうれしそうに布団から起き上がります。そして舟から実家に向った倩女と家から迎えに出た倩女が重なり一つになったというのです。

張鑑は「倩女の魂が体から抜け出て、王宙の所は行っていたのだろう」と言うと、倩女は「王宙の妻となった私が本当か、お父様のそばで病気でいた私が本当の私なのか、私自身もわかりません」と答えたのです。


これが「離魂記」の概要です。

この話を持ち出し、法演禅師が「那箇か是れ真底」(どっちが本物か)と一人の修行僧に尋ねたというのがこの問答です。

さて皆さんだったら、どう答えますか。自分のこととして考えてみてほしいのです。例えば、常に欲望をほしいまま享楽的に生きる自分と、そういう生活はむなしくつまらないと思う自分。どちらが本物か肉体が自分か、魂が自分か。その消息をつきつめていった時、二元的対立を超えた新しい見地が開けてくるのです。するとこれら諸現象を自由に行き来する心境の自分が確立できるというわけです。修行によって自分の思う限界を超えた時、そこがわかってくるのです。矛盾が矛盾でなくなる瞬間がそこにあります。柔軟性がそこに生まれます。こだわりを捨てるとは、このことです。

あたりまえに生きる

与天下人作陰涼

天下《てんか》の人《ひと》の与《ため》に陰涼《いんりょう》と作《な》らん

▼ほんのちょっとの心配りを

私自身この言葉を初めて耳にしたのは、ずいぶん前のことのように思います。ともかくその時私の心に直球ストライクという感じで響いた言句でした。

幼少の頃、私が出家したのはまさにそういうことだったのです。悩み苦しむ人々を救いたい。まったく漠然としたものではあったけれど、そしてそんな人が具体的に身近にいたわけではなかったけれど、そんなことを考えていたなあと幼き日の自分の心に立ち返ったのです。

学問に向かない私は、弁護士にも医者にもなれない。そんな中で唯一、頭ではなくやる気だけで勝負出来る世界が僧侶にあると思ったのでした。無知だったことがさいわいし、選択肢を持たなかったこと、そこに私の原点があるのです。

この言葉は、『臨済録』に出てきます。臨済宗の名の元ともなっている臨済義玄禅師が、黄檗和尚の弟子となっていた時の話。ひたすら三年間の修行をつんできましたが、なかなかお悟りが開けないと自信を失っている臨済。そしてそれを見ていた兄弟子睦州《じょうしゅう》が師に言います。

——問話底の後生、甚だ是れ如法なり。若し来たって辞せん時には、方便《ほうべん》して他を接せよ。向後《こうご》、穿鑿《せんさく》して一株の大樹と成さば、天下の人の与に陰涼と作り去ること在らん——

あの臨済という若い僧は、真面目で将来性が有ります。もし、いとまごいの挨拶に来たら、よろしく導いてやって下さいませ。必ずや将来、自らを律し大成長をとげ大樹となり、天下の人々とために役立つ存在となることになると思います、と。

「天下の人の与に陰涼と作らん」とは、真夏のカンカン照りの中にあって、日影をつくる大樹。冷房装置も無い時代、これ程ありがたいものはなかったでしょう。焼けつくような直射日光を遮り、涼しい風まではこんでくれるような存在。大樹は無心です。なんのみかえりも求めません。その自然な姿に、私もこんな存在になれたらと思ったのです。

そして今、そんな大上段にかまえたものではないけれど、自分のごくごく身近の人々にだけでも、それこそ本当に浅い日影であるけれど、そんなふうになれたらいいなと思っています。

昨今、子供への児童虐待の話をよく耳にします。児童相談所など行政の限界の話も聞きます。そして問題とされるのは、地域の人達がなぜ気がつけなかったかということです。共生などという言葉が、死語になりつつある現代の姿をそこにみます。小学校の先生は、知らない人に声を掛けられたら、答えてはいけない、逃げろと指導するそうです。そしてそれが、今という時代の先生としての立場なのかもしれません。

以前、小さな幼子がいなくなり三日後に、川で遺体で発見されるというニュースがありました。朝、母親が洗濯物をほしている間に一歳十ヶ月の男の子がいなくなったのです。まさにまだヨチヨチ歩きのその子は、母親の姿を求め街中の方へ出て行ってしまったというのです。その後、雨も降り出しビチャビチャになりながら、泣きながら道を歩いたのです。不安でとても恐ろしかったと思います。歩いたのは、人も車も多い所でした。そんな中で誰一人、その子に声を掛けた人はいなかった。

三日後、二十キロ離れた川辺でその子は発見されました。その子が家を出たのは、朝の時間帯、人が出勤する時間です。それからずっと歩いたと思われ、たくさんの人がその子を見たはずです。靴をはかずに泣きながら歩く幼な子に、誰も声を掛けなかったのです。傘という陰涼を与えることも出来なかった。

大人達はこういいました。

「親が近くにいると思った」

「知らない子なので、変に思われると思った」

「急いでいた」

理由は色々ありました。しかし、そんなことは、結果をみての言い訳です。人間とは、人の間で生きるから人間というのです。その関係を作れなかったら、それは人間ではありません。日常にどんな思いがあるかです。

国家のためとか、社会のためとかいう必要はありません。ほんのちょっとの心配り、そこに陰涼は出来るということなのです。

独坐大雄峯《どくざだいゆうほう》

▼この幸福感がありがたい

『碧巖録』二六則を出典としています。ある僧が「如何なるか是れ奇特の事」と百丈禅師に問います。奇特とは、霊験あらたかなとかありがたいことということです。つまり仏法のすごい所、すばらしい所とはどのようなところでしょうかと。

対して百丈はこの語「独坐大雄峯」と答えたのです。大雄峯というのは、百丈の住んでいた百丈山。しかしどこの山かが問題なのではありません。

「わしが一人この大雄峯にどかっと坐っている」

これがありがたい、尊いと。誤解しないでほしいのですが、別に百丈は私が偉いといっているのではありません。百丈のその心境、穏やかさ、この幸福感がありがたいといっているのです。これを我々は、「安心《あんじん》」といいます。

人は誰でも間違いなく幸福になりたいと願っています。しかしその現実と理想とのギャップに大いに悩み苦しむのです。特に若いうちは、その傾向も強いものです。

私もそうでした。たいした能力もないのに、より以上の結果、評価を欲していたものです。私が出家した時の得度（坊さんになる）の師、大徳寺大仙院の住職尾関宗園和尚は、当時超多忙でした。出した本がベストセラーになり、講演会もこなしお寺の仕事もあります。つぎつぎとくる原稿の依頼はもちろん、大徳寺の住職なので墨跡も頼まれます。毎日の睡眠時間は、三時間程です。そんな生活を横で見ていたのです。

そんな中で思いました。こんな厳しい努力をしていても、たぶんこの方も歴史の教科書にのることはないだろうなと。一般の人にくらべれば確かに師匠は、認知度は高い。でもそれくらいで……。

まさに歴史に名をのこすということは、時や場所を得てそうなるのであってそんなことは、人知のおよばない所だし、まして自分は師匠ほどの努力もしていません。だったらともかく今、この世に生かされている自分が存在してくれていることを感謝し、自分のできることをやっていくしかないのだろうと。それがこの世に誕生した我が命を活かすということなのでしょう。

小僧生活を経て、私は雲水修行に入りました。この修行は、自分が想像していたよりも数倍も厳しいものでした。睡眠時間、食事、労働とそれこそ「死ぬのではないか」と思ったほどだったのです。実際、指のツメには縦線が入り穴があき、歯はスカスカになっていきました。頭の後頭部は、ボコボコに波打って変形していきました。ツメと歯は日常の食べ物にカルシウムがないことから起こってくるものだと思います。そして頭の変形は、つねに気の抜けない環境の緊張感から今まで使っていない脳細胞を使い始めたことによるものでしょう。

それほど過酷なものだったのです。そしてせっかく両親に与えていただいたこの身体をなんでこんなにも痛め苦しめなければいけないのかと思ったものです。

しかしこのような経験があったからこそ、苦しみをつき抜け転化させ楽しみを見い出すという術を身につけることができたともいえると思うのです。「火事場のバカ力」というのがありますが、これは肉体だけのことではありません。精神もまた、このパワーを生み出すものとなりうるのです。

恥かしながら私は修行中、こんな生活をしていたら自分は五十歳まで生きられないだろうと本気で考えていました。でもそんな私も今五十歳を越えてピンピンして生きています。

こういう実体の無いものに惑わされたり、悩まされたり、生きてきた中で色々なことがありました。人にくらべ私が人より苦労しているなどとは思いません。まして苦労しているから偉いというわけでも当然ありません。でも自分の拙い人生経験の中から、風流ならざる所また風流と感じられる感覚を身につけられたことは、仏道修行によって会得できたところだと思っています。

私もまだまだ不充分なことはわかっています。特別なこともできません。ただ日々の生活を続けていく中で、いつしか他の妄想が洗い流されていくのだと信じ、できることを実践していくのみです。

こうした中から、「独坐大雄峯」といえる精神状態が導き出せると思っています。

修行僧を雲水といいます。そして僧侶は、すべからく道心を忘れてはいけません。雲や水が流れるように、生涯これを追い求め続けること。そのつねづねで「独坐大雄峯」といえる自分を築きたいものです。

没蹤跡《もっしょうせき》

▼無心であることの強さ

『従容録《しょうようろく》』にあるこの語は、跡形も残さないという意味です。「蹤跡《しょうせき》」とは、足跡・跡形のことです。

妙心寺の開山、関山和尚はまさにこの没蹤跡の人でした。なにも残しません。普通、大寺の開山様は墨跡や書籍を残しているものです。しかしこの関山和尚には、こういったものがありません。

師の大燈国師より悟りを証明された関山様は、岐阜県美濃賀茂の伊深の山里に移り住みました。そこで村人の野良仕事や買い出しの手伝いをしていたといいます。みなどこから来たのかもわからない坊さんを、使用人のように使っていたのです。

花園法皇は大燈国師に深く帰依しておりましたが、その師が重い病気になってしまいました。法皇はもし師が亡くなったら、誰に後の教えを受ければいいかと尋ねられたといいます。すると、大燈は関山の名をあげました。しかし彼は変わり者でどこにいるかわからないといいます。そうこうする内、大燈は亡くなってしまいます。

法皇はすぐに、関山を探すよう厳命を出します。そしてこの伊深の里にも使者が来たのです。村人は使者の話を聞いていて、関山さんだと気づきます。なんと罰あたりなことをしてきたことか、そんな偉い坊さんだとは知らずにアゴで使っていたと。

関山さんも初め京都へ帰ることをいやがります。しかし亡き師の遺志です。しかたなく京都へ旅立つことにしたのです。

名ごり惜しみ村人達は、ゾロゾロとついてきます。関山はもういいからと帰そうとしますが、もう少しとなおもついてきます。そしてせめて関の町まではと願ったといいます。関山は途中で「もうここが関や」といったといいます。そしてその場所が今も「せきや」という地名で残っているのだそうです。

村人ばかりではありません。世話をした牛までもが別れを悲しみ慕ってついてきます。しかし川の所で渡れず、牛がモーモー鳴き涙を流しました。川の土手にある笹が、この牛の涙で枯れてしまいました。以来、この場所の笹の葉は緑に枯れたようになったものしか育たなくなりました。これが「おかめ笹」、地元では「涙笹」というのだそうです。そしてこれら全ては、口伝として残ったものです。

京都に帰った関山さんは、法皇の師として妙心寺を開きました。しかし当時の妙心寺は、雨漏りするあばら屋だったといいます。与えられた使命を全うし、そして「没蹤跡」で関山様は人生を終えていきました。

東日本大震災の寄稿文に、「運命を引き受ける」という言葉を見つけました。東レ経営研究所の佐々木常夫さんの文章です。

佐々木さんの長男は、自閉症という障害を持っていました。奥さんは肝硬変で何度も入院し、自分の役目を果たせないと自責の念にかられ、さらにうつ病まで併発してしまうのです。四十回の入院、三度の自殺未遂。

会社では重要なポストにあった佐々木さんは、転勤が繰り返され、東京と大阪の異動が六回あったといいます。

毎朝五時半に起きて子供三人分（中二・小六・小五）の朝食と弁当作り、八時前に出社し、必死で仕事をし夕方六時に会社を出て、七時に帰宅。夕食を作り子供に食事させ風呂に入れ、宿題や明日の用意をさせ寝かせるという毎日。土曜日に病院へ妻の見舞いに行き、日曜日は一週間分の洗濯や掃除、買い物。このスケジュールを聞くだけで、人間の底力ってすごいなと思います。

人は誰でも家族や仕事に責任を果したいと思っています。そして自分の境遇に悩みながら強く生きたいと思っています。当然疲れてくることもあります。しかしそういう境遇でも懸命にやっていれば、必ず両立すると佐々木さんをみて思うのです。

凡人には、色々な欲があります。「遊びたい」とか「金持ちになりたい」とか、「後世に名を残したい」とか。しかしそういう思いを持ちながらほとんどは、そうはならないのが現実です。

欲を意識すればするほど、無理な力が入り返ってよくない結果を生むものです。今、目の前に与えられた仕事や環境の中でできること、やらなければならないことを着実に行っていくことこそ、今自分のしなければいけないことです。集中してことに臨んでいれば、いらぬ煩悩や執着にはまることも無くなります。そんな自由な境地を得るには、「没蹤跡」という心のスタンスが大切になってくるのだと思います。

没蹤跡の人、関山様の妙心寺が今や臨済宗最大の勢力となったこと。無心の強さを改めて感じる言葉です。

こんな時だから、前向きに生きる人間の、日本人の力を信じます。

心清道自閑

心《こころ》清《きよ》ければ道《みち》自《みず》ずから閑《しず》か

▼当たり前のことが自然にできる

唐突ですが私は、この文章を手書きで書いています。機械類が苦手なのもありますが、なにより心が文にこもるような気がするからです。

なぜこのようなことを書いたかといえば、芥川賞を取った田中慎弥さんも手書きだと聞いたからです。受賞の記者会見で石原都知事を批判し、「(賞を)もらってやる」といった話がずいぶん波紋を呼びました。そして前年の西村賢太さん。この人も「風俗に行こうかなと思っていました」といい、同じく大変な注目をあびました。この人も手書きです。

最近手書きの人は、ほとんどいないという現状で、また高卒、中卒の学歴で賞を取ったこの二人に私は正直、勇気をもらいうれしかったのです。そして自分の修行時代を想い出しました。

修行中は、洗濯は全て洗濯板で手洗いです。洗濯機はありません。信者さんの中には、寺の内情を聞き洗濯機を寄付しようと申し出てくださった方もいらっしゃいました。私は師匠にその話をしましたが、申し出はありがたいがことわっておくようにという事でした。私も申し訳なく思いましたが、丁重にその話はおことわりさせていただきました。しかし私は腹の中では、くれるというのだからもらっておけばいいのに……と当時は思っていたのです。

しばらくして、私の心にも変化が起きました。それは、修行とはなにかに気がついたことからです。修行というのは、効率を考えてする仕事とは違うのだと。仕事であれば手間を省いて、結果だけを求めればいい。しかしそれは、世間での価値観。

対して修行では、手間を省いてしまったら、その行為自体の意味はなくなってしまうということ。そういう物が無ければ人は工夫するのです。早い・便利・簡単にしてしまったら、修行そのものから学ぶこともできなくなってしまうのです。

それは文章でも同じです。文は決して単なる情報ではありません。まして宗教者の書く文章なら、心（情緒）を伝えられるものでなければいけないのではないかと。伝えられるかどうかは、定かではないけれど、そんなことから私は手書きにこだわっているのです（言い訳でもあるけれど……）。

前置きが長くなりました。「心清ければ道自ずから閑か」とは、心が正しい方向に向き邪念がなければ生きる道も自然と乱れることなく進んでいくということです。

室町時代、剣豪といわれた達人に塚原卜伝《つかはらぼくでん》という人がいました。その門下に一人のすぐれた弟子がいました。ある時その弟子が、道端につながれた馬の後ろを通ろうとしたところ、なぜか馬が突然暴れ出し後ろ脚を蹴り上げたのです。しかしさすが卜伝の弟子、サッとその脚をかわし何事もなかったかのように静かに去っていきました。

その様子を見ていた町の人は、よかれと卜伝にその話を伝えたのです。さすが卜伝様の弟子だけはありますなと。

しかしどういう訳か、卜伝はそれ以来その弟子を無視するようになったのです。人々はこの卜伝の態度に疑問を感じ、では卜伝ならどうするのだろうかとこっそりその馬を卜伝の自宅の近くにつなぎ、様子をうかがったのです。

しばらくすると卜伝は、外へ出てきました。そしてその馬を見ると、馬からずっと距離を置き、馬の脚がとどかない所を歩いたのです。もちろん馬は人が近くにいないので、おとなしいままでした。

弟子の跳ねた馬の脚をよけるのは、確かに優れた技です。しかし馬の脚が跳ねるものだとわかっていれば、最初から近づかなければよいということなのです。

そしてまたある時、卜伝は舟の中で他流試合を申し込まれました。申し込みを受けた卜伝、その相手に、「では、あの島で戦いますか」と湖の小島にさそいます。

舟で島へ渡ると、血気盛んな対戦相手は、すぐに島に飛び起りました。すると卜伝、船頭から棹を取り、島からスッと離れていってしまったのです。相手は島に取り残され、大声で叫んでいますが、もうどうしようもありません。これが卜伝の戦いで達した境地だというのです。

戦いの基本、それは無益な争いはしないということです。ヘタなプライドを捨てるということです。戦わずして勝つとは、争わないこと。そうしてこそ、周りに乱されない達人の生き方ができるようになるのです。

あたり前のことがあたり前にできること、そしてあくまで自然に出来ること。それが本当の名人の域に達したということなんだと思います。そこを目指し、我々も精進しなければいけません。そこに達し初めて「道自ずから閑か」といえるのです。

随処作主立処皆真

随処《ずいしょ》に主《しゅ》と作《な》れば立処皆真《りっしょみなしん》なり

▼雑念を消して自分の力を発揮する

時の流れは本当に早いものです。まごまごしていたら、あっという間に一年は過ぎ去ってしまいます。

人は自分に何年の寿命があるか、わかりません。十年後の自分の成功を夢見ていても、その十年後があるかどうか、誰の保証もありません。ですから今の自分の持っている時間、その生きているという瞬間を大切に充実させなければ、後悔だらけの人生になってしまいます。

『臨済録』にあるこの語は、まさにそのことをいわんとしています。「随処」とは、あらゆる場面ということです。そして「立処」とは、自分の立ち位置です。ですからどんな地位、環境にあっても、自分が主体的になれば、到るところ皆真実の世界になります。つまらないこだわり、雑念を消しさえすれば、本来の自分の力を発揮できます。そうなれば、自分の人生を楽しめます。

現実の世界では、社長もいれば社員もいます。お医者さんもいれば、ビラくばりのアルバイトの人もいます。お年寄りもいれば、学生もいます。人それぞれ環境によって立場というものがあります。だからその中で、自分がどんなにやっても人は認めてくれないといじけ、与えられたものに対し手抜きをする人も出てきます。

人が幸福を感じられるのは、生きがいを持てた時だと思います。そして生きがいとは、人から与えられるものではありません。その人その人の心の持ち方にかかわってくるものです。

あるエピソードを本で読みました。駐車場に年老いた警備員さんがいました。この警備員は利用者に毎日大きな声で挨拶し、雨の日には傘を忘れた利用者に傘をさしかけ、また車の駐車場が満車の折には、お客さんに深々と頭を下げひたすら詫びていました。他の警備員は、決してそんなことはしなかったのです。もちろん、そんなことで給料が上がるわけではないからです。

それでも、その老警備員は毎日毎日それを続けました。そしていよいよその警備員も退職する日がやってきました。

話を伝え聞き、その姿をずっと見ていた人が感謝を込め手みやげを持っていくと、彼のいた管理人室はすでに花束とお土産でいっぱいだったというのです。そして駐車場は人でごった返し、一人ずつこの警備員と握手して記念撮影をしていたのです。なかには泣いている人までいたといいます。駐車場の利用者は、皆彼の姿をしっかり見ていたのです。老警備員は、いいます。

「私はいつも、自分が今やっている仕事を楽しみたい。そう思っているだけなんです」


どんな仕事をしていても、その先に利用する人がいます。たとえ直接かかわらなくても、人と人との継がりで仕事があるのです。ですから、いらない仕事なんてないのです。その場で感謝の言葉をもらえなくとも、自分のすることの先で誰かが助かっています。そんな想いをはせることができれば、張り合い、生きがいを感じられるはずです。

自分の心の主人公は、自分自身でなければなりません。自分の好きな仕事をやらせてもらえないとグチる人がいます。ということは当然今やっている仕事が、いやだということです。いやな仕事をやって、楽しいはずはありません。つまり人生を無駄にしています。グチをいって、変わるならいいのです。しかしそれは、改悪にこそなれ、改善にならないのがほとんどだと思うのです。

だったら、どうすればいいのでしょうか。いやな仕事などないのです。いやな仕事だと思う考えがあるだけなのです。そしてさらに、意味のない仕事などないと気づくことです。

テレビなどでもよく見かける博物学者で作家の荒俣宏さん。色々な職種の仕事をへて、今の地位に落ちついたといいます。その荒俣さんはいいます。

「人生の脚本を書き、演じるのは自分なんです。誰かが書いた脚本を演じているのでは、あまりに寂しい。いかに楽しい脚本を自分で作るか。楽しい役を用意するか」（「平成の名言２００」から）

また学者で医者の養老孟司さんは、こうもいいます。

『創造性』『独創性』というのは、今、自分がいるところの下、足元を掘って掘って突き抜けたところにあると思うのです」（「平成の名言２００」から）

現代を生きている者の中にも、「随所に主と作れば、立処皆真なり」ということを知っている人はいます。これは、経験から導き出された答えだと思うのです。方向性が正しければむかう所は、一所だと教えてくれている言葉です。

田庫奴《でんしゃぬ》

▼愚か者である自覚

「田庫奴」と誰かに言われても、ポカーンとしてしまうのではないでしょうか。それも当然でしょう。こんな日本語、今では使われていないのですから。ちなみに広辞苑を引いてみましたが、やっぱりありませんでした。意味は「愚か者」とか、「馬鹿者」で、罵る言葉なのです。『碧巌録』の五七則に出てきます。

趙州和尚に、一人の僧が尋ねます。

「悟りに至る道は、決して難しいものではありません。唯、選り好みをしなければよいといいますが、この選り好みをしないとはどういうことなのでしょうか？」

つまり現実の世界の中には、自分と他人、男と女、善と悪、白と黒、愛と憎しみというように相対するものがあるではないですか。これはどうしようもないものなのではないでしょうか、ということです。

趙州は、「天上天下唯《ゆい》我《が》独《どく》尊《そん》」と答えます。天にも地にも、我れ一人というところでしょうか。ただ我一人という絶対的な存在がありますから、そこに選り好みするという選択はありませんと。でもその答えにこの僧は納得しません。

「いや、でもやっぱり選り好みってあるじゃないですか」

「唯我独尊」なら、我に対する他人、尊いに対する卑しいというように、あくまでも、言句に執らわれているこの僧なのです。

そこで趙州、「田厙奴、この大馬鹿者！　どこに選り好みがあるのだ！」と大声で怒りつけたのです。へりくつをあれこれ言い続けたこの僧も、すごすご引き下がるしかなかったというのです。

「悟りに至る道は、決して難しくない。唯、選り好みをしないこと」（至道無難《しどうぶなん》　唯《ゆい》嫌揀択《けんけんじゃく》）という言葉は、非常に有名な語で、『信心銘』の冒頭に出てきます。この語を持ち出して僧は尋ねているのです。これに対し趙州は、「天上天下唯我独尊」という釈尊生誕の語で答えます。これで察しろと。しかしこの僧にはわからなかったのです。だから再びくってかかったのです。

ここで言いたいのは、差別と平等ということです。この世の中には、この両方があります。決して片方だけではない、それをありのままに受け入れろ、ということです。

妙心寺の高僧に、大休宗休という方がいました。この方の所に人が来て、ある人のことを誉めたたえたのです。すると大休は尋ねました。

「その人は死んだ人か」

「なにをおっしゃいます。まだ生きていますよ」。

すると大休は、「ならばほめることは無用だ。その人もこれから先、どんな不始末を起こすとも限らない」

また逆に、人を悪く言う者がいると、

「その人は死んだ人か」

「いや、まだ健在です」

「ならば謗ることは無用。これから先、どんないいことをするかもしれん。人の善悪は死後にならねば申せぬものだ」

このように人は一面で、善い人悪い人などと判断できないのです。確かに今、善いことをした人は誉めればいい、しかしそれが、全てだとは思いません。そうすれば心の幅を持たせられます。そして人生の失敗も減ると私は思います。

よく成功した人が、心のスキを生み足元をすくわれるという話を聞きます。これはこの人にとって成功が全てになってしまっているからです。成功の影には必ず失敗がある、ここを決して忘れないことです。

昔話にありました。あるお金持ちの家に抜作という使用人がいました。頭の回転がにぶい男でしたが、忠実に主人に仕えます。ある日、主人が言いました。
「ここに一本の杖がある。この杖は世の中で一番のアホウが持つ杖だそうだ。みる処、お前以上にこの杖を持つ資格がある者はみあたらない。この杖をあげよう」

時は流れ、主人も病に倒れます。再起不能と医者に言われ、親族も枕元に集まり話をしています。「旅立つ」という言葉を耳にした抜作。主人の顔をながめ、「旦那様、旅に立たれるそうですが、支度はできているのですか。いつ立たれるのですか。どこへ行かれるのですか。いつお帰りになるのですか」

主人の返答は、ありません。そこで抜作「これから出るのに支度はできてない、いつ出発するかわからない、どこへ行くのもわからない、いつ帰るもわからない。これほどのアホウはいない。旦那様こそ、この杖の資格者ですよ」と杖を渡したというのです。

私らもまた田厙奴です。このことを忘れないことがまた、仏教の智慧なのです。

破《は》草《そう》鞋《あい》

▼偉いかどうかは人が評価する

「草鞋」とは、あのわらをあんで作ったわらじのことです。そうはいっても今の若者は、ぴんとこないかもしれません。伝統文化の中にいる者にとってはあたりまえでも、現代社会の中だけで生きている人には、不必要な物だからです。

第一、明らかに靴のほうが使い勝手がいいし、わざわざ不自由なわらじなど使う意味がわからないということでしょう。それにわらじは、耐久時間も大変短く、私も修行中托鉢で使ってみて、わらだと一週間程度、今風のビニールの物でも一、二ヶ月位でした。だんぜん靴のほうがもちます。

修行道場では、わらじは買ってくる場合もありますし、自分達で作ることもあります。雨の日など外での作務（労働）ができないとたいていわらじ作りか竹箒作りをします。わらも今は手に入りにくいので、ビニール縄でつくります。

以前大徳寺の管長様で東京の広徳寺の住職でもあった福富雪底和尚に聞いたことがあります。あのビニールのわらじを初めてつくりだしたのは、私だと。なんでもわらだといくらつくってもおいつきません。ですからビニールでつくってみたら、全然耐久時間がちがいました。そこで皆にそれをつくらせ始めたら、全国の僧堂（修行道場）に拡まっていったということらしいのです。

その真偽のほどは私にはわかりませんが、このビニールわらじができて感謝しているのは、私だけではないと思います。

前置きが長くなってしまいましたが、このわらじが破れている、つまり使えなくなった物、それが「破草鞋」です。

そんな誰一人も見向きもしない破草鞋。ここになんの意味があるのでしょう。前にも言ったかと思いますが、禅ではよく逆説的な表現をします。他でいえば、閑古錐《かんこすい》（古くさびた錐）とか破沙盆（こわれたスリバチ）などもこれに当たります。

禅の修行は一切の執着を断ち切り「本来無一物」の境涯になります。しかしその境涯にもとどまらずそれすらも捨て去って、学び修したことをちらつかせることもしません。悟っただの仏だの禅だのとの影さえ見せることがありません。そう生きる消息こそ、本物の禅僧だというのです。

大徳寺を開いた大燈国師は、京都五条大橋の下でホームレスとして生活していました。妙心寺を開いた関山国師は、岐阜の山奥でお百姓さんの下働きとして働いていました。お二人とも天皇に探しだされ、やむを得ず国家のために禅を伝えることとなったのです。なかなかできることではありません。

私の師でもある中村祖純老師が亡くなったあと、近所の一人のおばあさんが寺に訪ねてきました。聞くと亡くなった老師と、親しくしていただいた間柄だといいます。しかしこのおばあさんは、この老僧が大徳寺の管長をされている偉い方だとは知らなかったのだとか。たまたま散歩している時に、顔を会わすので話をするようになり、それから家にも寄ってもらって、玄関先で茶飲み話をするようになりました。

「いつもお茶をありがとう」ということで、ある時この老僧が書かれた色紙を下さった。でもそんな価値があるものとは知らないので、そこら辺に放っておいていたのだけれど、テレビを見ていたらあの茶飲み友達だった人が大徳寺の管長だと知ります。色紙の名をみて、もう一度改めて確かめてもやはり間違いありません。いてもたってもいられず、せめて線香だけでもあげさせてもらえないかと来たということでした。

「知らぬこととはいえ、まったく気さくにお相手して下さった。ほんとうにもったいないことでした」と語るのです。

この時、なるほど、「破草鞋」を師匠は、示してくれたのだと感じたのです。そして思いました。偉い人ってどんな人なのだろうと。そして一つの答えがみつかりました。人から尊敬されたり偉いという人は、決して自分で偉いなどと真底思っていない人であるということ。そして偉いというのは、人の評価であって自分の評価でないこと。このことを夢々忘れないことが、破草鞋に生きるということなのだと。

私は文章を書く時、必ず仏教のことに関しては「修行」と書きます。しかし活字になったものを見ると「修業」に改められたりすることもあります。

私にしてみれば仏教とは、行《ぎょう》（行動）の宗教だからということ、「業《ぎょう》」（手先、技）ではないこともあります。しかしなにより「業」には、「卒業」というように基準に達すれば終わりがあります。しかし、「行」には、「卒行」はないのです。「修行」は仏祖が実践し行われた道であり、それを修め護持するということに永遠のテーマがあるのです。ですから仏道などともいうのです。

さて最後に、わらじは足の指の力を養い鍛えそして足底は、健康のツボも集まっています。便利ではないけれど、健康にはとってもいいという利点もあることも最後に申し述べておきます。

聖朝無棄物

聖朝《せいちょう》に棄物《きぶつ》無《な》し

▼心の持ち方で何でも活かせる

有名な詩人杜甫の詩に出てくる一節です。聖朝とは、聖人がおさめる国家ということでしょうか。そういう健全な人々によって政治がおこなわれれば、落ちこぼれは生まれない。万民が活き活きと生活できるということです。

しかしそれは、この言葉の真意ではありません。

本来、棄物とは人間だけをいっているのではありません。他の動物もしかり、植物や鉱物であってもです。禅寺には、よく枯山水の庭園がありますが、白砂の中に置く石は山を表したり島を表現しています。その姿、形を見て、人は一種の清涼感を持ったり日常の雑踏を忘れることができるのです。

しかしこの石や岩も、庭園の中にあってこそ感じるもので、そこら辺に置いてあれば、邪魔なただの鉱物でしかありません。石には石の活かし方があるのです。

京都天龍寺の滴水和尚は小僧時代、風呂の残り湯をなんの気なしに捨てました。するとお師匠さんは、烈火の如く怒ったといいます。

「水には、水のお命がある。なぜそれを活かさないのか。花や木にその水をかけてやれば、それはそれで活きるじゃないか」と。

滴水和尚は、その言葉を生涯座右の銘として滴水と名乗ったというのです。

私も修行時代、台所の係（典座《てんぞ》といいます）をやっていて、夏に素麺をゆでた後の始末でナベ底に張りついていた素麺を流してしまい先輩にしかられたことがありました。洗い流す時に、もう一度ザルを通していれば、張りついていた物を無駄にすることはないじゃないかと。

これらは、全てその物に対する感謝の心を持っているかによって表われてくる、その人の生きる姿勢だと思うのです。

日本人には、古代から全ての物に命が宿っているという「八百万《やおよろず》の神」の思想があったはずです。「もったいない」も「ありがとう」も同じだと思います。私はよく言うのですが、英語の「サンキュー」と日本の「ありがとう」は違うと。

シチュエーションにもよりますが、「サンキュー」には、ユー（実体のあるあなた）という一人の対象に対しての言葉です。それにくらべ「ありがとう」は、「十」。つまり仏教でいう所の十方（全て）。今、目の前にいるその本人だけに対してだけではない。その人の親や先祖、友人にまでその感謝の言葉は広がっているのです。

千利休の孫、宗旦にこんな話があります。京都、千本にある正安寺の住職がある日、庭に咲いた一輪の白玉椿を見て、ぜひこの花を宗旦にと思いたったのです。

そしてさっそく住職は、小僧にいいつけ今出川の宗旦の家へ届けさせたのです。小僧はその花を大事に抱えて急いで行くのですが、誤って転んでしまい花ビラは飛び散ってしまいました。小僧は泣きそうになりながら、その花ビラを大切に拾い集め、懐紙に包み宗旦の家に持って行ったのです。

そして小僧は正直に「私の不注意で花がこんなになってしまいました」と詫びました。すると宗旦は、懐紙をニッコリと受け取り、その労をねぎらったのです。さらに駄賃まで持たせて帰したといいます。宗旦は、花の無い枝を茶室の床の間に生け落ちた花ビラは床の間にまき散らしたのです。

青々とした椿の枝と床の間に散った花ビラ。それはまたなんともいえぬ風情を醸し出し、見る者にさらなる雰囲気を与えたといいます。

宗旦は花を失った枝を活かし、枝から落ちた花ビラを活かし、茶室を活かしたのです。そしてさらに正安寺の住職の心を活かし、小僧の真心を活かし、自分自身の茶の道を活かしたのです。

ところで話は変わりますが、先日小田原にある二宮尊徳の生家というのを拝見する機会をいただきました。

そこで想い出した話があります。尊徳翁が人に話した喩え話です。田舎から二人の若者が江戸に出てきました。すると、江戸の街角で一杯の水を売っている人がいます。二人はそれを見てビックリします。しかしこの二人の驚きの意味合いは違っていました。

一人は「江戸では水も金を払わないと手に入らない。こんな所ではとてもやっていけない」。そしてもう一人は、「これは面白い。江戸では一杯の水でも商売できるのか。頭を使えば、商売は無限だな」と。

一杯の水を売るという事実に対し、その見方も色々だということです。

「今ほど住みにくい時はない」という人がいますが、いつの時代もきっとその時々で住みにくかったのです。要は、その人の心の持ち様で変わるということです。

「聖朝に棄物無し」です。

寒時寒殺闍黎　熱時熱殺闍黎

寒時《かんじ》は闍黎《じゃり》を寒殺《かんさつ》し　熱時《ねつじ》は闍黎《じゃり》を熱殺《ねっさつ》す

▼内側に入れば見えないものも見えてくる

『碧巌録《へきがんろく》』第四十三則に出てきます。

――挙す。僧、洞山《とうざん》に問う「寒暑到来す。如何が廻避せん」。

山云く「何ぞ無寒暑の処に向かって去らざる」。

僧云く「如向なるか是れ無寒暑の処」。

山云く「寒時は闍黎を寒殺し、熱時は闍黎を熱殺す」。

月日が達つのは早いもので、今回は暑さ寒さの廻避の仕方についての語を取り上げます。ここでいう「闍黎」とは、阿闍梨《あじゃり》の略で僧を指します。また「寒殺」「熱殺」とは、寒さを殺す、熱さを殺す、ということですから、寒さに成り切る、熱さに成り切るという意味です。

洞山和尚は、中国曹洞宗のルーツとなる人ですが、その洞山に一人の僧が尋ねます。

「寒さ、暑さが到来しますが、いかにこれを廻避したらよいのでしょうか」。これに対し洞山は、「寒さ暑さのない処に行けばよいのではないか」。するとは、さらに「どうしたら、そこへ行けるのでしょうか」と問います。洞山は一喝し、「寝ぼけたことを言うな。寒い時には徹底的に寒さに成り切り、暑い時には徹底的に暑さに成り切ることをいっているのだ」と。

寒さや暑さは、他とくらべるから苦しくなるのだからくらべなければいい。成り切るとはそのものと一つになるということです。夏は、高校野球の季節ですが、球児達は試合中この暑さに促われてはいません。まさに無心です。ここの消息を洞山は言おうとしたのではないでしょうか。

真剣にそのものの中に入ってしまえば、そんな雑念は生まれてこないのです。

ちょっとおもしろい話をみつけました。

江戸時代、後藤良山《ごとうこんざん》という漢方の名医がいたそうです。そんな良山のもとに、ある日の夜中十二時過ぎに一人の女性が訪ねて来ました。「よろず屋」という店のお嫁さんです。そして切羽詰まった表情で言うのです。

「先生、一生のお願いでございます。毒薬をつくってほしいのです」。

ただならぬ様子に良山は尋ねます。

「なにに使うのか」。

するとその嫁は、「お母さん（姑）に死んでもらうのです」と答えます。よろず屋の嫁と姑は、犬猿の仲との評判でした。嫁は断わられれば、自殺するような勢いです。

良山は、しばらく考え返事をします。

「よし、わかった」。

そして良山は、三十包の薬を渡し、神妙に言います。

「一服で殺しては、きっとあなたは疑われる。そしてばれればあなたは磔《はりつけ》、私も打ち首となる。そこで相談だが、この三十包を少しずつ毎晩飲ませるのだ。すると三十日目にコロリと死ぬように調合した」。

それを聞いた嫁は、喜んですぐに持って帰ろうとします。良山先生、これを制して、さらにこうも言います。

「いいですか。わずか三十日間の辛抱だ。お母さんに好きなものを食べさせ、やさしい言葉をかけ、手足でももんであげなさい」と。

翌日からこの嫁は、先生の言われた通りに実践しだします。

それから一ヶ月後、もうそろそろと思っていた嫁の前に姑は来て、突然両手をつき言うのです。

「今日はあなたに、あやまらなければならないことがあります。今まできつくあたってきたのは、代々継いだこのよろず屋の家風を、一日も早く身につけてもらうためでした。それがこの一月、あなたは見違えるように生まれ変わってくれた。よく気がつくようになってくれた。もうなにも言うことは、ありません。今日限りで私は一切をあなたに任せて、隠退します」。

驚いた嫁は、己の心得違いを深く反省し、後悔して再び良山先生の中へ駆けこみます。

「先生、一生のお願いでございます。毒消しの薬を早く作って下さい」。

涙ながらの彼女に、先生は笑いながら言います。「大丈夫、あれはただのソバ粉だよ」と。

人間、物事は外から見ていれば不平不満ばかりになってしまいます。そのものの内側に入ってみれば、見えなかったことも見えてくる。熱い時には、熱さの中にどっぷりとひたること。その中で見えてくるものに、物の本質が隠れているのです。

原発事故以来、節電がいわれていましたが、その気風も薄れてきたようです。ここで改めて書かせていただきます。暑い時は、暑いのがあたりまえの自然なのです。そここに自然の学びがあるのです。

老婆心《ろうばしん》

▼相手を大切に思うふところの深さ

若い人になにか直してほしい時、注意や指摘をする時「老婆心で言わせてもらうけれど……」などと使うことがあります。これはお婆さんが世話をやくように、相手を大切に思うゆえに出てくる言葉です。

しかし、これもいきすぎれば、おせっかいの迷惑になってしまいます。

私はよく言うのですが、相手にその下地ができていないとその真意は伝わりません。かえって煙たがられるのが関の山です。よくよく気を付けて人に接しないと、教えるとはいかにむずかしいか考えさせられます。

「老婆心」の語が生まれたのは、禅宗からだそうです。我々臨済宗の修行の厳しさを表わす言葉に、「黄檗の棒、臨済の喝」というのがあります。

黄檗和尚の元で、ひたすらまじめに修行をしていた臨済は、修行者のリーダーに参禅（禅問答）することを指導されます。そこで臨済はすなおに黄檗の所へ行き、「仏法的々の大意」（仏教の最も重要な所はどこか）と問いかけます。すると黄檗は三度尋ねた臨済を三度打ちのめしたのです。その後、黄檗に指示された臨済は、大愚和尚の寺へ移ります。

寺に到着した臨済に対し、大愚和尚はさっそく禅問答をふっかけます。

「どこから来たのか」

「黄檗和尚の寺から来ました」

「黄檗和尚は、お前さんに何を教えたのか」

「三度、仏法的々の大意を問い、三度打たれ追い返されました。いったい私になんの間違いがあったのか、さっぱりわかりません」

大愚和尚、それを聞き、「なんの間違いがあったかだと、黄檗和尚はお前さんのためにこれ以上ないというほど、親切に法を説いているではないか」と一喝するのです。その言葉を聞き、ハッと悟った臨済は、「黄檗の仏法はむずかしくもなんともなかった」とつぶやいたというのです。

大愚和尚は、臨済にした黄檗の親切を「黄檗、与麽《よも》に老婆なり」と言いました。ここに「老婆心」の言葉が生まれたということです。

それはともかくこの内容を見てもわかるように、老婆心の本当の意味からは、甘やかしの精神はありません。親切というよりも、まさに「辛切」といえます。

またその行為でも棒でたたくなどというと、今の時代に通用しないことになります。スポーツなどの世界でも、体罰は社会問題となっています。

ただ私が言いたいのは、その本人が真剣にことをのぞまないと、わかる素養があっても一生わからないで終わってしまうということがあります。真剣にやらせる方法を指導者は、見つけ出さなければいけません。個々にあった方法です。

その見い出せる能力をもっていないと、本当の指導者「老婆心」を持った師とはいえなそうです。


戦国時代の武将、武田信玄は特に人心掌握術に優れていたといわれています。それをよく示すのが「人は石垣　人は城」とうたう武田節でしょう。

そんな武田軍に比田武右衛門という浪人が仕官したいと申し出てきました。係の者がその素性を調べ、面接し過去にたてた手柄を尋ねたのです。するとこの男、「私には、これといって申し上げるような功名手柄のたぐいはありません。それどころか不得意なことばかり多く、おのれの力量はわかりかねるしまつです」と答えたのです。

さかんに自分に不利なことばかり並べたてるこの男に対し、係の者はにがりきって「そう欠点が多くては、取り立てようもない。帰っていただこう」と言ったのです。

すると今度は、「人の値打ちというものはうわべの様子や口先ではわかりません。そう思えばこそ、自分の短所を申し上げたまで。それを言葉通りに受けとられたらかないません」などと言い出すのです。

困り切った係の者は、その言葉を信玄にありのままに報告しました。

すると信玄は、「変わった男だな。普通おのれの長所や手柄を言う所を。かまわん、召しかかえてやれ。一人や二人、変わったのがいるのもおもしろいかもしれん」と答えたというのです。

たしかに噂に勝る変人でしたが、何かに取り組むと徹底的にやりぬく所があり、実際戦場に行くとめざましい活躍をし「鬼武右衛門」と呼ばれたほどになったのです。

またある家臣が戦さに敗れ、城を捨て逃げてきた所に出くわした時、信玄は言いました。

「戦さに勝ち負けはつきものだ。気にせずともよい。それよりも、そなたの無事に安心した。しかし、そなたもこのまま引き下がるのも悔しかろう。どうだ、もう一度わしと共に戦いにいかぬか」

このふところの深さ、これこそ、死中に活《かつ》の「老婆心」ではないでしょうか。

支えを見いだす

一句妙文助永劫

一句《いっく》の妙文永劫《みょうぶんえいごう》を助《たす》く

▼一つの言葉が生きる支えになる

最近文章を書く機会が増えてきました。私は決して、文才がある訳ではありません。でも私のような者でも、坐禅をすることにより心を研ぎ澄ましてわかったことを、微力ながら書かせていただいているのです。

別のいい方をすれば、仏教の救い「悟り」というものは頭の善し悪しではないということ、この平等性を伝えたいのです。このことにより世知辛いと思える世の中も、生き抜く力、そして希望と勇気を持って明るく生きられると信じているのです。

この句の出典は、明らかではありません。しかし、人生の中で一つの文、言葉がその人の生き方の支えになることもある。これはを生きた禅語というのではないでしょうか。

私にとっては、山本玄峰老師の師匠がいわれたという「本当の坊主」というのが、キーワードでした。「本当の」というのはなんなのか、これを求めていくことが自分の生きるモチベーションになったのです。人生のテーマということです。

「不立文字」（文字では示せない）などというと、禅は言葉を大事にしないと誤解されますが、そうではありません。「言霊《ことだま》」というように言葉には魂があるから十分気をつけろ、ということでもあるのです。

近年本の売れない時代になってきたといいます。一万部売れれば、ヒットだそうです。毎日毎日新刊本が発売され、売れるのはごく一部。読者が減り、書きたい人が増えているという現象。さらに電子図書なるものまで出てきました。目まぐるしい変化の中に出版業界の方も大変だと聞きます。

「禅語」は一般的に短い句が多い。ここで重要なことは、「端的だ」ということです。短い句ほど、相手はその句の真意を掘り下げて考えるようになります。受け手が自分で考えるようになるのです。

話の長い人がいます。こういう人の話は、えてして頭に残りません。いい話をしようとしていっぱいつめこむのでしょうが、お腹いっぱいになってしまいます。だから結局、頭に残らないのです。ここに学ぶべきものが隠されています。「シンプルが一番」だということです。このことは、どんな仕事の方にでも話をする機会で使える教えではないかと思うのです。

　さて、おもしろい話を発見しました。イギリスの作家サマセット・モームは、文学を志すも医大に入学します。医者の卵としてロンドンのスラム街で働き見聞きしたことを本にしました。それが作家デビューになりました。

　その後、何冊かの作品を発表しましたが、売れる気配はありません。モームは悩みました。

「本がまったく売れない。これはなぜなのだろうか。出版社の宣伝が悪いのではないか」

　悩んでいる中で、彼はある方法を思いつきました。それはロンドン中の新聞に、結婚相手の募集広告を出したのです。

「当方、スポーツと音楽を好み、教養を備え、温和にして若さ十分の百万長者。あらゆる点で、S・モームの最近の小説のヒロインとそっくりな、若くて美しい女性との結婚を望む」

　すると数日とたたないうちに、ロンドン中の本屋から、モームの本は、すっかり消えてなくなったといいます。無論、モームの本を買ったのは、若い女性。そのことから火がつき、売れっ子作家となっていったのです。このセンスに敬服します。

　モームは「二十世紀に、自分の本を世界で一番多く売った作家」といわれています。

彼は自分の半生を

「ぼくは批評家たちから二十代には残忍だといわれ、三十代には軽薄、四十代には皮肉、五十代にはチョットやるといわれ、現在六十代では皮相だといわれている」

と語っています。

また『世界の十大小説』という本の中で、

「小説は胃腸の薬か何かのように苦いのを我慢して呑み下すべきものではない。面白くないのは、その小説がヘタクソだからである。……もっとも、後世編まれるであろう『世界の十代小説』にモームの作品が仲間入りできるかどうか、それは保証の限りではない」とも。

人間の生涯の決まった時間の中で、「読み・書き・話し・聞く」というものにいかに時が費やされているか。これを思うと、人に対する影響は量り知れないものがあります。そしてそれを受け手（読者）の心の置き所によって、「永劫」（永遠）ともなるし、ハシにも棒にもひっかからない言葉にもなってしまうということもあります。

「一句の妙文、永劫を助く」と胸を張っていえる人間に少しでも近づきたいものです。

松樹千年翠《しょうじゅせんねんのみどり》

▼人間の心は進化しないもの

掛け軸などで、よく目にする言句です。『続伝灯録』に出てきますが、松の樹は千年の常盤木《ときわぎ》です。私のお寺にも松がありますが禅寺と松の樹はぴったりときます。風雪に耐え今も静かにたたずむその姿は、まさに無言の説法を聞かせている……そう思うのです。

この言葉には、続きがあります。「松樹千年の翠、時の人の意に入らず」。つまりいつの時代になっても人は他のことに心を奪われ、この美しい松の翠を素直に見ることができないということです。

私はよくいうのですが、人類始まって以来人間の心は、決して進化していない。変わらないと。

たしかに物は、発明されます。次から次へと新しい便利な家具、電化製品なども誕生していきます。しかしそれは、外の物が豊富になっただけで、人の心が高尚になったわけではありません。錯覚です。もし進化しているというなら、過去のことを学ぶ必要もなくなってしまいます。現実に我々は、『論語』であれ、仏教であれわかれば納得するのです。

「たしかにその通りだなぁ」と。

つまりこれは、心の進化がないということです。ですから我々は、生涯に渡って追い求めなければいけないのです。

お年寄りが自分の経験から、色々なことを若い人に聞かせてくれます。良かれと思っていってくれるのですが、若い者にはその経験がありません。だからそこに聞く耳が生まれてこないのです。いくら聞かせてくれても、聞く耳がなければ相手には入りません。

自分自身の中に納得するという土壌が無ければ、無駄骨です。しかし、わかってもわからなくてもいわざるをえない。これを慈悲というのかもしれません。

考えてみて下さい。孔子様もお釈迦様も紀元前の人なのです。その時代の人がいったことを学んでいるのです。心の進化は、その人の経験から得られ、感じたものによる一代限りのもの。自分の人生で、自分の実感したことだけがわかるということです。

我々がいう「悟り」というものでも同じです。一腕の水を一腕に移し変える、そうして継承してきたものなのです。そのためには、言葉だけでは足りません。言葉遣いはもちろんのこと、箸の上げおろし、食事の作法、草履の脱ぎ方、歩き方に到るまで日常全ての細かい指導があります。色々な経験を積ませることがそこにあるのです。茶や他の世界でも同じことがいえるのではないでしょうか。この心の進化というものがわかれば、修行も稽古も身の入れ方が変わってくると思います。

さて、話が変わりますが、本についてです。同じ本を読んでも、共感する所は自分の年齢により変化します。それは今現在自分に関わる問題、もしくは関心を持っていることが違ってくるからではないでしょうか。

人は生きていれば、色々な問題がふりかかってきます。事前にわかっていればなにも問題はないですが、世の中そうはいきません。その時になって、初めて考えるようになるのです。そんな時にたまたま読んだ所が心に入ってくるのです。「前はこんなこと書いてあったなんて知らなかった」ということは、私にもあります。たぶんなに気なく、本の中に先人の智慧を拝借しようという心理が働いているのでしょう。

ユニークな読書法を見つけました。ノドの薬「龍角散」の社長をされた藤井康男さんです。藤井さんは一週間で平均五、六冊の本を読破していたそうです。大企業の社長業の片わらでこれだけの本を読むのは大変なことでしょう。

そこで彼独特の本の選択法があったというのです。本の背文字並び装丁で、その編集者の熱意が感じられるか。ここがいいものは、まず読む価値があるのだそうです。

そしてもう一つは、同じ本を二冊買う。それは、あき時間を有効に使うため、家と会社に置いておくため。不経済だという人もいますが、本人は学ぶということにはそれなりの投資が必要だと考えていました。また読み終わったあと、一冊は蔵書に加え、もう一冊は知人にプレゼントしました。相手に喜ばれると思うと、決して不経済だとは思わないと。

こうして藤井さんは、つまらない本をしりぞけ、無駄な時間をなくし、好きな読書を能率的に行っていたのです。

本の読み方は、その読む人の自由です。ある企業の社長さんは、『十八史略』が大好きでした。そしてその社長さんがいうには、「この『十八史略』を古い歴史の書として読むつもりでは意味がない。『人間学』の書として読むのだ」とおっしゃっていました。

松を見てもそれぞれの感じ方があると思います。どうぞ自分なりの目線を持っていただけたらと思います。

本来面目《ほんらいのめんもく》

▼生き抜く力となる心を見つめる

禅問答で「父母未生《みしょう》以前本来の面目」という問いがあります。あなたが両親から生まれる前の真実のあなたは、どのようなものですか、というのです。まだ自分が誕生する以前のあなたなんてあるのか、知性的な人ほど疑問が起こってくると思います。

『無門関』第二三則に「本来の面目」の語があり、一休さんは「本来の面目坊の立ち姿一目見しより恋とこそなる」とうたっています。

生まれた時にすでに持っている本心、ここを仏心とも仏性ともいいます。そしてその心をしっかりつかみとることこそ悟りといいます。ですから「本来の面目」は、その心をいうのであり仏教の命題ともいえる言葉です。

昔、私は人を救える存在になりたいと願い出家しました。そして修行生活に入ったのですが、そこには初め建設的なものを感じられませんでした。世の中には困っている人がいる。それなのに自分は、こんな寺の中でジッと坐禅だけしていていいのだろうかと。あせりを感じていたのです。

悟りを開いたとしても、それは自分だけのものでしかない。寺の中の掃除をしていてもそんなものは世間の役には立っていないと。

それこそそんな薄っぺらな考えでいたのです。もしこの時、私が寺を飛び出しどこかのボランティア活動に参加していたとしたら、それは一度きりで満足しそれまでだったでしょう。実力もないのに、そんなことを修行初期の私は考えていたのです。

お釈迦様に一人のバラモンが質問した話が残されています。

「私はバラモンで自ら供物を献じ、人々にも献じさせています。そしてそれは多くの人のためのならわしです。ところが師の弟子達は剃髪して出家し、自分のために修行しています。これは他人のためにはならないのではないでしょうか」

これに対しお釈迦様は、

「では、あなたにたずねたい。もし、まともな人が修行して苦しみを脱し、自由な境地に至ったので同じことを他人に薦めその人も悟ったとする。こうした人が数百、数千、数万に及んだとしたならあなたはこれをいかに思うだろうか。それでも先達となった一人の修行者は自分一人のために出家し修行したといえるだろうか」

バラモンは、この答えにとても納得したといいます。

またこんな話もあります。

ある時お釈迦様が四人の妻を持つ男の話をしました。第一の妻は、夫が最も愛する妻でいつもそばにおきました。第二の妻はやはり近くにいましたが、第一の妻ほどではありませんでした。第三の妻は、ときどき会うくらいでした。そして第四の妻にいたってはただ働かせるだけの妻で、近くに寄ることもなかったのです。

そんな夫が遠い異郷へ旅立たなければならなくなりました。そこで第一の妻を呼び、いっしょに行ってくれないかと頼みました。すると彼女はきっぱり拒否したのです。続いて第二の妻にも頼みますが、彼女もあっさり断わります。ではと第三の妻にいうと、門の外までは見送りましょうといいます。いよいよ最後の第四の妻に懇願すると

「いっしょに行きます」といってくれたのです。

そしてそのことをお釈迦様は次のように説かれたのです。

「この男の旅立つ先は、死の国である。そしてこの夫とは、人間の霊魂のことである。第一の妻とは、人間の肉体のことであり、いくら生前愛していても、あの世へは道づれできないということをいっている。第二の妻とは、財産やこの世で得たもの、やはりこれも持っていくことはできない、第三の妻とは、父母・妻子や自分の関係縁者、これらの人も葬式ぐらいは来てくれてもあの世までついてきてはくれない。そして第

四の妻とは人間の心で、普通ないがしろにしているがこれこそあの世までつき添ってくれるものなのだということなのだ。」

お金も物も土地も家もあの世には、持っていけません。ただ一つ寄りそうことのできる財産、それが安心です。そのことに気づき、いち早くその心に目を向けなさいよというのがお釈迦様のいいたい所です。亡くなる時ではなく、今元気に生きているうちに気づいて下さいということです。

人間は、混乱した時には基本に立ち返ることです。近年最大のピンチに接しているのが今の日本です。こんな時だからこそ、生き抜く力となる心を見つめてほしいと願います。

「人の評価は死んでわかる」といいますが、肉体は消滅し外見を失っても、なお後の人々へ伝えられるものがある。そのことを震災後の東北の人々が示して下さっていると思います。

忍《にん》辱《にく》

▼せめて慣れるまでの忍耐を

仏教でお悟りを開くために必要な要素として、お釈迦様は六波羅密ということをいわれました。それが布施・持戒・忍辱・精進・禅定・智慧です。

布施というのは、お寺さんにお金を差し上げることではありません。今、自分が生かされていることを周りに感謝する行為全般をいいます。ですからそれは人を思いやる言葉であったり、笑顔で接することでもいいのです。

持戒とは、戒めであったり規則を守ることです。この規則とは、仏教徒として守るべきことです。

そして忍辱。これは耐えしのぶこと、我慢のことです。この耐える心を知らなければ、仏教は成就できないのです。

精進とは、たゆまず努力することです。

禅定とは、坐禅によって心を研ぎ澄ますことです。
そして最後に智慧。真実を正しく見極め、それをもとに行動する指針となる機《はたら》きのことです。

打撃の神様といわれた巨人軍の川上哲治氏の参禅の師、妙心寺派管長・正眼寺の住職であった梶浦逸外老師は、人間にとって最も必要なもの、それは耐える心だということをいわれました。

逸外老師の生まれた家は、元々庄屋をやっていた家柄でした。しかし人のいい父親は、他人の保証人になり没落してしまいます。かろうじて母親の和裁の仕事で、両親と五人の子供が生活していました。母親について反物を商家にとどけると、自分と同じ年位の子供が、逸外少年に「きたない、帰れ」といったそうです。

母親は家に帰ると涙ながらに逸外少年の頭を抱え、「わたしが腑甲斐ないばかりに、幼いお前にまで悲しい目に逢わせてしまってすまない」といったそうです。当時のことを思うと、この時の母の心はいかばかりであったろうかと、逸外老師は後に述べています。

そして十二歳で逸外少年は寺の小僧となります。母は「お前さん、今日からはお釈迦さまのお子さんだよ」と出家前夜手を合わせて拝んでくれたそうです。

岐阜から京都の選仏寺に小僧に入り、その後大徳寺専門道場（僧堂）に入門します。ですから逸外老師は私にとっても大先輩ということになります。

その大徳寺の雲水修行時代に、実父が亡くなりました。するとこの父親には、別の所に愛人と子供までいたことがわかったのです。そんな存在に対して、母親は自分のできる限りのことをしたというのです。するとその人は「こんな立派な奥さまのお邪魔はできない」と自ら身を引いていったのです。

またこの頃にはすでに生活もだいぶ立ち直っていたこともあり、亡くなる直前の父親はまた人に金を貸していたといいます。その証文を母親は子供達に、「お前たちのお父さんが他所に貸したお金の証文は一切破棄します」と宣言し、お金というものはまじめに働きさえすれば食べていくだけは入ってくるものです。亡くなったお父さんは働いて得たお金を他所へお貸ししていたのです。そんなお父さんのお金にまで未練をもつようでは、私の子供としてお母さんは恥かしいともいったのです。

そして債務者の家へ証文を返してまわったのです。急なことにとまどう相手に「お貸しした本人がもう亡くなっているのですから、受取人にいませんから」と申しそえて。この話を聞いて「なんてバカな人だろう」という人がいるかもしれません。

しかし私はやはりいいナと思うし、逸外老師は「私の母は観音さまの化身のようだった」と語っています。子供にそこまでいわせる母は、やはりすごいと思います。

禅僧で立派に大成された方を見ると、必ずその影に賢母の存在があるように感じます。一休さんしかり、この逸外老師でもそうです。

逸外老師は師匠が大徳寺から正眼寺に移るといっしょについて行きました。そして徹底した忍辱修行を経て、正眼寺の師家（雲水の指導者）となったのです。

逸外老師は自分の人生を振り返りいいます。耐える生活を身につけたことはそのまま、いかなる窮乏逆境に出くわしてもビクともしない力を蓄えたことになったと。そして忍辱行道の「耐える」日のなかからこそ今日の歓びが湧き出ているのです。そして、この歓びこそ未来永劫の歓びであるのですとも。

坐禅は、布施も持戒も忍辱もそして精進も智慧も身につきます。しかしそれは継続して初めて身についてくるものです。その第一のハードル、それが忍辱、耐えるという精神力なのだと思うのです。

私の寺でも坐禅会をやってますが、一回だけの参加という人がいかに多いか。坐禅は、自分にとってなにが大切か、どう生きるべきかという人間の根本であり、人生のテーマを教えてくれるものです。こんなすばらしい他に変えがたいものを体得するには、せめて慣れるまでの忍耐を持ってほしいと願うのです。仏道の要所です。

好事不如無

好事《こうじ》も無《な》きに如《し》かず

▼何もないことのほうが尊い

『碧巌録』八六則に登場する語です。雲門和尚が修行僧達に問います。「人は誰でも大光明を持っている。しかしそこを見ることができず、真っ暗の中にいる。どうかその大光明を出して見せてくれ」

対して修行僧は、何も答えられません。そこで雲門和尚、自ら「寺の庫裡と三門だよ」といいます。それが大光明だと。

禅問答とは、まことにやっかいなものです。なにがいいたいか、さっぱりわからないのではないでしょうか。

そして再び、「好事も無きに如かず」。どんなにいい事も無いことのほうが尊いのだと雲門はいいます。誰でも光明が備わっているなどといわれると、皆どこにそんな結構なものがあるのだろうかと考えます。庫裡とは寺の台所です。台所が無ければ食事も作れません。門がなければ出入りもできません。真実というものは、いつも特別な所にあるのではないのです。

いつでもどこでも誰にでも、余すことなく貫いているものだ。それが平等という光明だというのです。

あえて真っ暗の中といったのは、そこに気付かないから見えないといったのです。結構なものとは、お金持ちだとかりっぱな家に住んでいるとか光の当った部分では見えない所です。ですから「無きに如かず」とは、無いのではなく、そんな所に目が向いていないということをいっているのです。

人間にとって一番の恐怖は、死ぬことだと思います。だから中国の道教のように人は、不老長寿を求めました。そして現在、医療が進んだおかげでだいぶ長生きできるようになりました。あるデーターをみたらこんなものがでてきました。

縄文期（約三千年前）　男三十一歳　女三十一歳
室町時代　男三十六歳　女三十七歳
明治二四〜三一年　男四二・八歳　女四六・五四歳
平成三年　男七六・一一歳　女八二・一一歳

これはお祭しの通り、平均寿命です。現代人は、昔の人の倍以上の生を享受しています。しかしこんなにも生かされている命なのに、どれほどの人がその生に充実感を持っているでしょう。そこでもう一度、考えてみていただきたいのです。

最近私は、考えていることがあります。それは今までの自分の人生を見つめ直してみた時、自分にとって苦しい時間というのは異常に長く感じられたということです。そしてそれにくらべて楽しかった時間はあっという間だったということ。

人間という生き物はできることなら、自分の生きているうちにたくさんの色々な経験を重ねておきたいと願っていると思うのです。そしてできることなら長生きしたい。しかし自分の寿命は、自分できめることはできません。だったら長く感じられる時間が増えれば、長く生きた充実感が得られるのではないかということです。

私にとって一番長く感じられたのは、修行時代です。朝三時半に起きる生活をしてみて感じたのは、一日ってこんなに長いんだということです。そして今までの人生は、いかに時間を無駄にしていたか、ということを痛感しました。今ふり返ってみても、修行期間というのは今現在の私の人生の五分の一でしかありませんが、感覚的には三分の二位の感じがしています。

「坐禅会」をやったりするのも、知らず知らずにその生活を求め忘れないためにやっていたのかもしれません。一般の方は禅僧の修行はできません。しかし人生の中で苦しみを耐え抜くという時間を持つことは、その人の人生に重要な意味を持つと信じています。

こういう人生の荒波を越えて、初めて「好事も無きに如かず」という心がわかってくるのだろうと。

そんなことを考えている今日この頃なのです。

雪後始知松柏操

雪後《せつご》始《はじ》めて知《し》る松柏《しょうはく》の操《みさお》

▼人生には無駄はない

一面の雪景色、そこに凛とそびえる松や柏の木。厳しくも美しい情景です。こういう寒さ、苦難を乗り越え、その上に今の姿があるのだと思わせてくれます。

人の人生には、色々なことがあります。時には全てがいやになり、投げ出したくなってしまうこともあります。しかしこれらも後になって考えてみると、全てその人のこやしになっています。

決して人生には、無駄はないと思えてくるのです。私自身も在家（一般家庭）生まれの出家だったため、修行の先の生活が見えませんでした。よその寺で生まれたお弟子さん達は、修行を終えると自坊（自分の生活する寺）へ次々と帰っていきます。そんな中で自分だけ、同じ修行生活のまま。いいしれぬ将来への不安……。そんな時代もありました。

しかしこんな中で私を支えてくれた言葉が出家した時、母がいった言葉「仏さんは見ていて下さる」でした。そしてそれが、現実のものになりました。ここでいう仏さんとは、お釈迦様だけをいっているのではありません。生きた仏様。私の周りにいる修行仲間や和尚様です。

すごくとはいいませんが、そこそこ真面目に修行を続けていた私に、お寺を紹介して下さったり、声を掛けて下さった方もいたのです。

この時、やはり見ている人は見ていて下さるとシミジミ思ったものです。そして多少なりと人よりも長く修行ができたこと、これが自分の禅僧としての活動の原動力になっていると思えるようになったのです。

学生時代にスポーツなどをやっていて、結局芽が出ないまま終わる選手がいます。就職して、それからはまったくスポーツとは関係のない仕事に入っていきます。その表面上の姿を見て、学生時代の時間は無駄だったと思えてしまいます。しかしそんなことはないのです。

辛抱強く耐え抜き、努力したことは人生の中で必ず役立ちます。頑張った時代の自分の記憶は、決して消えることはないからです。

「五十四年八カ月六日、五時間三十二分二十秒三」

これはなんの数字かわかりますか。マラソン世界最長記録です。

日本が初めてオリンピックに参加したのは一九一二年スウェーデン、ストックホルム大会でした。この大会に日本からマラソン代表で出場したのが金栗《かなぐり》四三《しそう》という人でした。前年の予選会ですでに金栗選手は、当時の世界記録を二十七分も上回っていたのです。当然日本人は、みな彼に期待していました。しかし彼はレースの途中で意識を失ってしまい、近くの民家で介抱されました。意識が戻ったのはその翌日で、すでに大会は終了していたとのことです。

その後、金栗選手は、再び次のオリンピックにも出場します。しかしすでにピークを過ぎていた彼は成績を残せず選手生命を終えてしまいました。彼の名も人々の記憶から消えていったのです。

もう誰も、金栗選手など知らない、あの大会から五十数年が過ぎたある日、生きていた彼のもとに突然一本の電話がかかってきました。それはストックホルムのオリンピックの記念委員会からでした。

そしていわく、

「あなたはマラソンの途中で意識を失いました。ですからあの大会で、棄権の届け出がでていないのです。当時の記録では（競争中失踪、行方不明）となっています。マラソンは、ゴールするか棄権でなければ、まだレース中ということになります。ですからゴールを切りに走りにきてほしいのです」

というものだったのです。

そして彼は再び、五十五年ぶりにストックホルムの地に足をつけたのです。そして最後を走り切り、ゴールテープを切って有終の美を飾ったのです。この時式典の様子を、競技場内のアナウンサーは伝えていました。

「今、日本の金栗ゴールを切りました。記録は、五十四年八カ月六日五時間三十二分二十秒三、これで第五回ストックホルムオリンピック大会の全日程が終了となります」

やはり、仏様は見ていて下さる。人生には無駄がないと思えた話でした。

成功というものはお金持ちになることでも有名になることでもありません。自分自身が心から望むことに向かって、生き生きと全力をつくすこと。それこそが人生にとって最も大切で、本当の財産になり得るものだと考えます。

前三三後三三《ぜんさんさんごさんさん》

▼差別のない境界を伝える

禅語には、数字を使用した表現が出てきます。「一二三三二一」など、一般の目で見れば「なにを言っているのか」ということになるでしょう。それこそ人に急にこんなことを言われれば、動作も言葉も一瞬止ってしまう気がします。

そんな表現の一つが、この「前三三後三三」です。

一般的にみれば三たす三は六、それが前後にあるから十二とか、かけて三十六など、ついついその数にこだわりたくなる所ですが、これは禅語です。こだわらずに「多くの数、いっぱい満ちている」という程度に捉えて下さい。

『碧巌録』三十五則に出てきます。中国唐代の無著禅師が、南方の杭州から北方の五台山に詣でる途中、文殊菩薩に出会います。文珠は、無著に「どこから来たのか」

と尋ねます。当然、無著は「南から来た」と答えます。

すると文珠は、「では南の仏教の様子はどうですか」と尋ねます。それに対し無著は、「世も末で規則を守る者も少なくなってきました」と見たままのことを口にします。さらに文珠は、「どれ位の坊さんがいますか」と尋ねると、無著は「三百から五百位でしょうか」と返事します。

そして今度は、無著が文珠に質問します。「こちらのほうでは、どうでしょうか」。これに対し文珠は、「龍と蛇が同居し、凡人と聖人が入り乱れています」と答え、人数を尋ねると「前三三後三三」と言ったというのです。

文珠は、ちょっと臍曲《へそま》がりな表現をしているような気もしますが、これは文珠が無著を通して差別のない境界というものを伝えているのです。「龍と蛇が同居とか、凡人と聖人が入り乱れている」とは、そのことです。ここがこの禅語の大きなポイントです。

世界には、色々な宗教があります。そして宗教上の違いから、戦争なども多く起きています。しかし仏教徒は、歴史に残るような大きな争いを起こしていません。それは、このような柔軟な思想がそこにあるからではないかと私は考えています。文珠菩薩は、智慧の象徴といわれます。智慧とはまさにこの柔軟性をいうのだと思うのです。

ちなみに仏像で釈迦三尊像などといわれるものがありますが、お釈迦様の脇に文珠と普賢が座っています。その内、獅子に乗っているのが文珠様、象に乗っているのが普賢様です。仏像は似たようなお顔、お姿のものが多くわかりづらいのですが、この乗っている動物で見分けられるので、覚えておけばちょっと人に自慢できるかもしれません。

さて、話をもどします。日本は、一般的にいえば仏教国といわれます。しかし日本の宗教の総計を見ると、神道が最も多いのです。そして宗教全体の総数を見ると、日本の人口の三倍位になってしまうのだそうです。これは色々な宗教教団にだぶって所属しているとのこと。神道では、初詣の人の数を入れているからなどが理由にあるのだそうです。

たぶんその本人は、そこに所属しているなどの自覚もないままそうなっています。新興宗教などの信者数などを聞くと驚かされますが、このように数え方によってどうにでもなってしまいます。

仏教徒としての条件として守るべき教えに「五戒」というものがあります。

人を殺してはいけない、他の命も無駄にしてはいけない。

物を盗んではいけない。

淫らなことをしてはいけない。

うそをついてはいけない。

酒におぼれてはいけない。

これらは、誰もが思うことですし、もはや特別なことではありません。仏教信者ではなくても言えることです。つまりそこに一般人との境界はありません。ですが、私の立場、経験からいえば、仏教徒と宣言することは、その意志が強固なものにする意味があります。その方向性に導きやすくなるという利点はあるということです。


仏教国日本の詩人、金子みすゞの詩、「私と小鳥と鈴と」には自然と身についたその感性が表われています。

　私が両手をひろげても
お空はちっとも飛べないが、
飛べる小鳥は私のように、
地面を速くは走れない。

私がからだをゆすっても、

きれいな音は出ないけど、
あの鳴る鈴は私のように、
たくさんな唄は知らないよ。

鈴と、小鳥と、それから私、
みんなちがって、みんないい。

（「金子みすゞ童謡全集」ＪＵＬＡ出版局）

これこそまさに日本人のもつ仏教観なのです。

子生而母危

子生《う》まれて母危《あや》うし

▼親の心を鑑み自身の生活を正す

『菜根譚《さいこんたん》』の後篇一一九にある語ですが、まさに子を生む母は、生死をかけて子を生むのです。現代では医学も進み確率としては、亡くなるということも少なくなっているでしょう。しかし出産というものには、母となる人に多くの不安をもたらすものだと思います。

子を産めない男性にはどうしても理解できない部分もありますが、先日ある百歳になるという老紳士が、「未だに母親にしかられる夢を見ます」と語っていました。その言葉が大変印象に残り、今回はこの言葉を取り上げました。

原典では、この語の後に「鏹《きょう》積んで盗窺う。何の喜びか憂いに非《あらざ》らんや」と続きます。「鏹」とは、穴あき銭を通すヒモです。すなわち「鏹を積む」ということは、財産ができたということです。

財産ができると、それにともない盗まれる心配もでてきます。「何の喜びか憂いに非らんや」とは、この心の矛盾をいうのです。

悪徳新興宗教の勧誘の中に、「病気が治る」というのがあります。そのような深い悩みを持っている人は、まさにワラをもすがる思いの人です。その時に、この宗教を信仰すれば治るという訳です。中には、治る人もでてくるかもしれません。例えば胃薬を新しく開発されたガンの特効薬だと言って飲ませると治ってしまう人もいるという話がある位ですから。

私どもの寺でも坐禅をして、ガンが治った。と言ってきた人がいました。しかし私は、そのことを勧誘の手段にはしたくありません。治ったというそのことは、いいことです。しかしそれは、万人に通用するものだとは思わないからです。その人には、合ったというだけです。

禅では、やれば病気が治るなどとは言いません。病気だったら「病気の中でも、心おだやかにすることは禅でできるのですヨ」と言うのみです。でもだからこそ、万人に通ずるといえるのではないでしょうか。

病気が治れば信仰のおかげ、治らなければ信仰がたりないなどというのは、手前勝手な理屈だと冷静に考えればわかるところです。心の混乱を利用しておこるのが、いつの時代でも起こる詐欺的な事件といえそうです。

話がそれてしまいました。芥川龍之介に「杜子春」という話があります。誰でも聞いたことのある有名な物語ですが思い出すため、少しおさらいをしておきます。

中国唐の時代、杜子春という青年がいました。一人都の西の門の下で、ぼんやり立たずんでいます。そこへ老人が現れ、なにをしているか尋ねます。杜子春は、今夜寝る所もないのでどうしようか考えていると正直に答えます。すると老人はいいことを教えてやると黄金の埋まっている場所を教えてくれたのです。

一夜のうちに金持ちになった杜子春。立派な家を買い、贅沢を始めます。すると今まで挨拶もしなかった知り合いが急に遊びに来るようになるのです。でもそんな生活も、三年で底がつきました。

再び西の門の下に立つ杜子春。するとあの老人がまた現れ同じように黄金のありかを教えるのです。そしてまた元の贅沢三昧。そしてまた全てを失くします。

こうして三度、門の前に立つ杜子春。するとまたあの老人が現れます。しかし今回の杜子春は、老人の申し出を断ります。世の人の勝手を見て、いやになったのです。そして老人に「あなたは仙人でしょう。弟子にして下さい」と願い出るのです。

老人は、意外にもその申し出を受けます。峨嵋山へ向かい岩の上に座らせ、「なにがあっても声を出すな」と修行を命令するのです。虎や大蛇が現れ、杜子春は地獄の底へ落とされます。閻魔大王が出てきても、必死に黙っています。

すると大王は、「この男の父母は畜生道に落ちているはずだから、ここへ引き立ててこい」と鬼に命じます。そして連れてこられたのは、二匹のやせ馬。たしかに体は馬だが、顔は忘れもしない父母の顔なのです。

そしてまだ黙っているならと、大王はこの二匹の馬を鉄のムチで打つのです。身もだえ、血の涙をながす馬、息も絶え絶え。

それでも必至に黙して語らぬ杜子春。この時、彼の耳にふっと声が聞こえるのです。「心配しなくてもいいんだよ。私たちはどうなっても、おまえさえ幸せになれるなら」と。それは懐かしい母の声だったのです。おもわず馬にかけより首を抱いて叫んでしまうのです。

「お母さん！」

すると杜子春は夢が覚めたように、再び西の門にたたずんでいたというのです。

話はまだ続きもありますが、それはともかく親の心を鑑み、自身の生活を正すという今回の一句でした。

春色無高下花枝自短長

春色高下無《しゅんしょくこうげな》く、花枝自《かしおの》ずから短長《たんちょう》

▼この世界は差別と平等で成り立っている

一年の中で最も穏やかでいい季節が春ではないかと思います。

その春の日ざしは、四方八方どこにも降りそそぎ一様で、そこに誰に対する差別もありません。そのことを「春色高下無く」といっているのです。

また「花枝自ずから短長」とは、それぞれの個性や立場の違いをいっているのです。

年齢や職業、そしてその人の資質までそこには歴然とした違い独自性が認められます。

つまり我々の住むこの世界は、差別と平等の上で成り立っているのです。

お釈迦様は、「奇なる哉、奇なる哉、草木国土悉皆《しっかい》成仏」（なんと不思議なことだろう。草も木も川も仏の命をもっている）と言われたといいます。

仏の命を持っている。そのことにおいて我々は分け隔てなく平等ということです。

しかしまた別の所でお釈迦様は、「天上天下唯我独尊《ゆいがどくそん》」（この地上に、唯一無比の自分がいる）とも言っているのです。その一人一人、それぞれが個性を発揮し、その分に応じた働きによってこの世の中は、保たれているのです。これは、まぎれもない事実です。仏教でいう平等即差別・差別即平等という根本思想をこの言葉は示しています。

男と女の違い、親と子、若者と老人、賢者と愚者、美しい人と醜い人、体の大きい人と小さい人など色々な差別がこの世の中にはあります。しかし、全てのものに差別だけで成り立つものでもありません。時間であったり、光や空気など平等に与えられているものもあります。その両方に目を向けること、広い視点にたつこと。そうすれば草や木や他の動物まで、仏の命をもって、それぞれが個性を活かし生かされていることに気付きます。

絶対という言葉がありますが、仏教でいう絶対とは唯一、その一つだけが価値あるととらえたものではありません。絶対を逆さに読むとわかりますが、「対を絶する」ということです。つまり「他との比較の優劣ではない」のです。そのものにしかない特性（長所、短所）を認めつつ、他のものを尊重するということです。

私の尊敬する山本玄峰老師（昔の妙心寺派管長）の言葉に「人に親切、自分に辛切、法に深切」というのがあります。他人に対しては、優しく接しなさい。自分に対しては、厳しく接しなさい。教えに対しては、深く接しなさいというのです。こういう姿勢を身につけることこそ、修行というものの意味だと思うのです。

そのためには、心の柔軟性が必要なのです。自分と他人は、同じ立場ではない、ということです。自分と他人は、同じ価値観では生きていない、ということです。私たちは、ついつい一方方向だけに考えを偏りがちになってしまいます。これは、心の固定化であり、悩みの一要因です。

例えば子供に、肉料理を出したら「今日はいらない」と言います。すると母親は、この子は肉がキライな人だと判断する人もいます。しかしこれは、「今日は」という所がミソです。「今日は」いらないけれど、「明日は」いるという可能性もあるのです。その日によって油っぽいものは食べたくないなど、お腹の調子の悪い日もあります。また同じ人間でも、年令によって食物の好みも変ってくるのです。同じ状態ではないのです。つまり「無常」(つねに変っていく)、そのことを知ると、心の柔軟性が保てるようになります。

お釈迦様は、この世の中は苦の世界であるということをまず見抜きました。そしてそれを解決するには、心の柔軟性を利用し、物の見方の転換をはかることによって、苦を楽にすることが出来ると発見したのです。それを「悟り」といったのです。

幸せというのは、まさにその人の心の感じ方です。決して外の世界にあるものではない。これはどんな人であってもです。単純に見れば、生きることはつらく苦しいものです。しかし見方をかえることによって「日々是好日」となるのです。

「生きるって楽しい、世の中捨てたものじゃない」そう思えるからこそ、人生に充実感が持てるのです。今日に集中できるのです。

私のような、なにに対してもさしたる能力を持たない者が、幸せだと感じて生きていられるのも仏教、とりわけ禅に教えられたものだと感謝しています。

仏教が与えてくれるもの、それはその人の心理的成長と情緒的成熟だと思います。慈しみ深く、平和な明るい社会の道しるべそれがこの語に託されているのです。

直心是我師《じきしんこれわがし》

▼自ら沸き出た願心が大事

四月に私の弟子が、大徳僧堂（修行道場）に掛塔（入門）しました。修行道場には行っても逃げ出してしまう者もいるため、人には話していませんでしたが、そろそろいい頃かなと思い話題に出します。

我々、禅僧の修行生活というものは、一般になかなか知られていません。ですから、どんなことをしているのかなどと聞かれることもあります。「滝に打たれるのですか」なども質問されます。ですが、禅僧には「滝行」はありません。あくまでも、坐禅を中心としているから禅宗なのです。修行方法の違いが宗派の違いでもある、ということです。

修行道場は、直接弟子入りすることはできません。一度誰かの弟子となり、その師匠が保証人になり入門します。

そして、入門するのも、すぐ許可が出るわけではありません。まず道場の玄関で「たのみましょう」と全力で声を掛けます。すると中から先輩僧が「どーれー」と言って出てきます。そこで新人僧は、自分はどこの弟子でここに入門したい旨を伝えます。

すると先輩僧は、必ず断わることになっています。断わられた新人僧は、玄関先に頭を下げ、ひたすら入門許可の許しを乞うことになります。夜になるとさすがに中に入れてくれますが、朝になると帰るように言われます。

そこで再び玄関先に戻り、同じことを繰り返します。途中、追い出しに先輩僧が来たりします。これを二、三日繰り返します。このことを「庭詰《にわづめ》」といいます。

それが終わると今度は、「旦過詰《たんがつめ》」といって上にあげてもらえますが、一つの部室で一日中、坐禅を一人ですることになっています。お経と食事の時間以外、ずっとです。部室の障子は、開け放たれており、壁にむかって坐っているため先輩がいつ見廻りに来るかわかりません。決して気はぬけません。そしてこれも二、三日つまり入門許可が出されるまで、都合約一週間近くの日数がかかるのです。そしてやっと許され、道場の一員に加えられます。ここで普通は一安心といいたい所ですが、中に入るとまたその生活がハードになるのです。

「庭詰」「旦過詰」の時は、夜は九時半頃寝ていいと言われるのですが、中に入ると新人が夜寝るのは十二時頃。そして朝は三時半。つまり三時間から四時間の睡眠時間しかないのです。

そして昼間やる作務という労働は、薪割りや畑仕事、庭木の剪定など、かなりの重労働なのです。他にも托鉢（テレビなどで京都の街中を網代笠をかぶり歩いている姿が出てきますが、一般人に喜捨を求める行）や、当然の境内の掃除など。そして夕方から夜中にかけてはひたすら坐禅。自分の自由に使える時間などほとんどなく、新聞もテレビもラジオもありません。電話も手紙もだめ、面会もできません。

食事は、お粥・梅ぼし・沢庵などの質素なもの。冷暖房もありません。こんな生活を最低でも三年。これが仏教各宗派の中でも厳しいといわれる禅の修行です。

こんな生活を、今その弟子はしているわけです。ですから私のようなボンクラ師匠でも、必然的に我が襟を正さなければと思うわけです。そこで想い浮かんだのが、この「直心是れ我が師」の語だったのです。

前書きが長くなってしまいましたが、私の弟子も私と同じように一般家庭出身です。ですからあえて、坊さんにならなければいけない、という環境にはなかったのです。

そこをあえて出家した。しかも彼は、誰もが知る一流大学の出身です。なにもそんなことまでしなくてもと思いたい所です。

しかし彼には、固い決意がありました。彼は学校卒業後、教員をしていました。しかし学ぶことと教えることの違いや、人間関係につまずいてしまったのです。そこでうちの坐禅会に通いはじめました。彼は、坐禅によって救われたと言います。そしてこの坐禅を極めてみたいと出家したのです。私はこの心を尊いと思いました。

人から無理に言われたのではない。自ら沸き出た願心、これさえあればきっと修行はできると思ったのです。

そしてこれは決してブレることはないだろう。「やらされる」のではなく、「やってやろう」という積極性、その心こそ本当の大切な修行の核となるものだと、自分の修行体験から思ったのです。

自分の素直な想いや信じる所、悟りとはなにかを極め、自分がわかったことを人に伝え救いたいという心、これこそ他に変えがたい自分の道しるべ、導く師となり修行に耐えうるパワーとなる。それを教える語がこれなのです。

参考文献

『茶席の禅語大辞典』（有馬頼底監修、淡交社、二〇〇二年）
『枯木再び花を生ず―禅語に学ぶ生き方』（細川景一著、禅文化研究所、二〇〇〇年）
『白馬芦花に入る―禅語に学ぶ生き方』（細川景一著、柏樹社、一九八七年）
『心にとどく禅のはなし―よりすぐり禅門逸話』（禅文化研究所、二〇〇四年）
『世界人物逸話大事典』（角川書店、一九九六年）
『心に残るとっておきの話』（潮文社、一九九三年）
『ちょっといい話』（佐藤光浩著、アルファポリス、二〇〇二年）
『人を動かす「名言、逸話」大集成』（鈴木健二・篠沢秀夫監修、講談社、一九八四年）
『心がぽかぽかになるニュース』（日本新聞協会、文藝春秋、二〇〇七年）
『落語の名台詞100』（三遊亭道楽著、ＰＨＰ研究所、二〇〇六年）
『宮沢賢治のことば』（本田有明著、サンマーク出版、二〇一一年）
『超常現象の科学―なぜ人は幽霊が見えるのか』（リチャード・ワイズマン著、木村博江訳、文藝春秋、二〇一二年）
『ヘタな人生論より「寅さん」のひと言』（吉村英夫、河出書房新社、二〇〇八年）

著者略歴

金嶽 宗信（かねたけ そうしん）

昭和36年東京都青梅市生まれ。12歳で京都大徳寺大仙院住職尾関宗園師に就き得度。昭和58年、二松学舎大学文学部卒業。大徳寺僧堂で修行の後、東京・渋谷区広尾の臨済宗大徳寺派香林院住職となり現在に至る。宗会議員、保護司、教誨師などを務めるほか、NHK 大河ドラマ「功名が辻」「風林火山」などの仏事監修・指導や各種講演活動も行っている。著書に『禅語　ちょっといい話』（芙蓉書房出版、2007年）、『心とからだのサビをとるシンプル禅生活』（永岡書店、2009年）、『禅の心で生きる』（PHP 研究所、2009年）、『寺子屋「般若心経」』（三笠書房、2010年）、『禅語　心に響くいい話』（芙蓉書房出版、2010年）、『お坊さんが教える親が「子どもを伸ばす」100話』（三笠書房、2011年）、『心と体を整える坐禅』（大和書房、2011年）、『いい人生をつくるはじめての禅のことば』（あさ出版、2012年）、『品のある人をつくる、美しい所作と和のしきたり』（永岡書店、2014年）がある。

禅語《ぜんご》 生きぬく力をつける

2015年 4月25日　第1刷発行

著　者
金嶽《かねたけ》 宗信《そうしん》

発行所
㈱芙蓉書房出版
（代表 平澤公裕）
〒113-0033東京都文京区本郷3-3-13
TEL 03-3813-4466　FAX 03-3813-4615
http://www.fuyoshobo.co.jp

印刷・製本／モリモト印刷

ISBN978-4-8295-0651-6